1792

LA GUERRE DANS LES ENVIRONS DE LILLE

(28 avril au 23 novembre)

LE BOMBARDEMENT DE LILLE

(24 septembre au 8 octobre)

Documents militaires et anecdotiques recueillis dans un journal de l'époque,
mis en ordre avec avertissement et notes, par

Eugène DEBIÈVRE

BIBLIOTHÉCAIRE DE LA VILLE DE LILLE

LILLE
Gustave LELEU, Libraire-Éditeur
Rue Neuve, 11.

1892

1792

LA GUERRE DANS LES ENVIRONS DE LILLE

LE BOMBARDEMENT DE LILLE

LILLE, IMPRIMERIE LEFEBVRE-DUCROCQ

1792

LA GUERRE DANS LES ENVIRONS DE LILLE

(28 avril au 23 novembre)

LE BOMBARDEMENT DE LILLE

(24 septembre au 8 octobre)

Documents militaires et anecdotiques recueillis dans un journal de l'époque,
mis en ordre avec avertissement et notes, par

Eugène DEBIÈVRE

BIBLIOTHÉCAIRE DE LA VILLE DE LILLE

VIVRE LIBRE
OU MOURIR

LILLE

Gustave LELEU, Libraire-Éditeur

Rue Neuve, 11.

1892

AVERTISSEMENT

Les pages qui vont suivre sont, pour la plus grande partie, extraites de la *Gazette du département du Nord*, journal publié à Lille, sous différents titres, par le chevalier Joseph Pâris de l'Epinard, personnage que son ascension en ballon de compagnie avec Blanchard, en 1785, a rendu célèbre dans notre histoire locale.

Ces informations quotidiennes insérées dans la *Gazette* peuvent ne point paraître très importantes au point de vue de l'enchaînement des grands faits de cette époque; elles ne relatent souvent que des menus détails qu'un historien ne relèverait pas peut-être, mais qui, pour nous gens du pays, tirent un réel intérêt de ce qu'ils se sont passés dans des localités de la région et de ce que nos ancêtres en ont été les acteurs ou les témoins.

L'ensemble de ces divers faits de guerre montrera combien notre malheureuse contrée a souffert des déprédations des Autrichiens pendant près de huit mois : les récoltes ravagées, les fermes mises au pillage, les villageois rançonnés, emmenés prisonniers et parfois même assassinés, rien ne manque à ce tableau des misères de la guerre. Lorsqu'on est arrivé au bout de ces récits on est vraiment tenté de s'écrier que si les Lillois, pour avoir souffert les angoisses d'un bombardement de huit jours, ont eu droit à la reconnaissance de la France entière, les gens de Comines, de Warneton, de Wervicq, de Roubaix, de Tourcoing, de Lannoy, etc., ont, eux aussi, dans cette année terrible, bien mérité de la patrie.

Classées par ordre chronologique, les informations de la *Gazette du département du Nord* présentent nécessairement un aspect un peu décousu, c'est pourquoi nous avons parfois interrompu cet ordre pour réunir tout ce qui se rapportait au même fait, comme dans l'affaire du Pas de Baisieux, par exemple.

Nous n'avons pas eu d'ailleurs la prétention de donner un historique complet de ce qui s'est passé en 1792 à Lille et dans nos environs, notre but est plus modeste et nous voulons seulement fournir aux curieux d'histoire régionale des documents pour ainsi dire inédits, et dont le principal mérite est de refléter fidèlement les sentiments et les idées de l'époque, et d'avoir été écrits sous l'inspiration même des événements, ce qui leur donne une physionomie particulière et une couleur locale intéressante.

En 1792, la France était devenue, si l'on veut me permettre cette expression familière, comme la bête noire de l'Europe entière.

En effet, les souverains des divers états avaient toujours vu d'un mauvais œil les réformes qui s'accomplissaient en France ; elles constituaient pour eux comme une menace sans cesse suspendue sur leurs têtes. Aussi avaient-ils accueilli avec empressement, d'abord les réclamations des princes allemands qui possédaient des domaines en France et que l'abolition des privilèges avait frustrés de leurs droits féodaux, ensuite les plaintes des émigrés français qui avaient à leur tête les propres frères du Roi et plusieurs de ses anciens ministres. Poussées par ces influences différentes, les diverses puissances de l'Europe avaient donc formé contre la France une formidable coalition et, si l'invasion de notre pays avait été retardée, ce n'avait été que par la crainte de représailles du peuple français contre Louis XVI et sa famille. Toutefois tout était prêt depuis longtemps pour nous envahir et les troupes coalisées, échelonnées le long de nos frontières, menaçaient à chaque instant de pénétrer sur notre territoire.

La situation n'était plus tenable, il fallait une

solution ; l'Assemblée nationale résolut d'en finir et, dans sa séance du 20 avril 1792, décréta la guerre contre l'empereur d'Autriche Léopold II, qui, de concert avec le roi de Prusse, projetait d'intervenir les armes à la main dans nos affaires intérieures.

Un autre sentiment encore excitait la masse des Français à la guerre : dans leur zèle de néophytes pour les principes de la Révolution, ils s'imaginaient être prédestinés à en porter les bienfaits en même temps que la liberté, l'égalité et la fraternité, par delà les frontières, aux peuples qui se trouvaient encore sous le joug monarchique.

Une lettre adressée à la Société des Amis de la Constitution de Douai par Étienne Lejosne, député du Nord, donnera une idée juste de ce sentiment.

Après avoir annoncé la déclaration de guerre, il s'écrie :

« La voilà donc enfin cette crise, qui va donner
» la liberté à l'Europe ou l'ôter pour jamais à la
» France ; avant quinze jours peut-être, nos
» armées seront en mouvement. Avant trois mois,
» je l'espère, tous les peuples seront debout, et les
» droits de l'homme déjà gravés dans tous les
» cœurs le seront dans tous les fastes de l'Allemagne
» et des contrées lointaines..........

» Frères, je vois, je sens, je partage le saint
» enthousiasme, la brûlante impatience qui vous

» transportent. Que ne puis-je avec vous aller à
» Vienne planter l'arbre de la Liberté sur la place
» publique. — Tandis que l'épée d'une main, la
» constitution de l'autre, vous irez dompter les
» tyrans et embrasser les citoyens, ceux qui
» resteront à la garde de nos murs redoubleront
» de zèle pour le maintien de l'ordre devenu si
» nécessaire. »

D'après le plan combiné par Dumouriez, l'armée du Nord sous les ordres de Rochambeau devait envahir les Pays-Bas autrichiens, occuper au plus vite Bruxelles et s'emparer d'Anvers. Dans ce but, Biron devait attaquer Mons, pendant que la garnison de Lille, sous les ordres du lieutenant-général d'Aumont, enverrait un détachement de cavalerie vers Tournai, pour opérer une diversion et empêcher les troupes autrichiennes cantonnées de ce côté de se porter au secours de Mons.

Ce sont les péripéties de cette campagne de plus de six mois, à partir du Pas de Baisieux jusqu'au bombardement de Lille, qu'on trouvera dans les extraits suivants.

De Lille, 28 avril 1792.

Les régimens de notre garnison, qui, précédemment avoient reçu ordre de se tenir prêts à marcher, commencent à défiler vers le champ d'honneur. Les gardes nationales soldées qui, depuis leur séjour à Lille, partageoient le service de la place avec notre garde nationale et les troupes de ligne, sont parties jeudi dernier au son bruyant de l'air *Ça ira*. Les autres corps, qui doivent les suivre de près, trépignent d'impatience de ce que les ordres ne soient pas encore expédiés pour se mettre en marche. Les cuirassiers sont arrivés hier ici et attendent avec la même impatience le moment de se mettre en route pour aller conquérir la liberté aux peuples voisins. Ci-devant *Orléans Cavalerie* est également arrivé hier venant d'Arras, ainsi que le 6me régiment des *Chasseurs du Languedoc*. Celui-ci n'ayant pu être logé à Lille on l'a envoyé à la ci-devant abbaye de Loos et à Haubourdin. Enfin toutes les troupes des garnisons des places du département sont en mouvement. Le bruit qu'on avoit fait courir que les cavaliers du 1er régiment, en détachement à Houplines-sur-la-Lys, avoient un démêlé avec les dragons de Laudon, au service autrichien, est controuvé, mais hier vendredi, notre facteur ¹ de ce département, nous a rapporté

---

1 L'Epinard avait organisé un service postal pour Lille et les environs ; comme on le verra par la suite, ses facteurs lui fournissaient les renseignements sur tout ce qui se passait dans la région.

qu'il y avoit eu une fusilliade à Frelinghien entre un détachement françois et les Autrichiens. (*A demain les détails*).

.·.

Ce matin, le 24me et le 90me régiment ont reçu ordre pour partir cet après-dîner. On attend à tout instant M. le maréchal de Rochambeau. On compte que Tournay, Courtray, Ypres seront cette nuit au pouvoir des François qui y seront reçus à bras ouverts. Il y a des lettres d'une de ces villes par lesquelles on prie les François de se munir d'uniformes de gardes nationales.

———

De Lille, 29 avril 1792.

M. le maréchal de *Rochambeau* arriva ici hier sur les 6 heures du soir. Aussitôt il se tint un conseil entre les généraux et les chefs des corps militaires. Six régiments de cavalerie et infanterie (*1er régiment de cavalerie, les cuirassiers ci-devant* Orléans Cavalerie, *le 6me régiment de chasseurs de Languedoc, ci-devant Brie et Chartres*) reçurent, immédiatement après, l'ordre qu'ils attendoient avec tant d'impatience de se préparer à partir sur-le-champ. Ce signal du départ fut celui de la joie et produisit même plus d'effet que s'il se fût agi d'un évènement le plus heureux en faveur de la patrie. Les cris de *vive la nation! guerre aux tyrans!* se faisoient entendre de toutes parts et alloient se perdre dans les nues.

Effectivement vers les 7 heures et demie du soir, cette armée transportée par le civisme qui l'anime, est sortie par la porte de Fives où elle a encore été grossie par un régiment qui venoit d'arriver, que les uns disent être ci-devant *Forêt* et d'autres *la Couronne*. Indubitablement aujourd'hui, les drapeaux tricolores auront été arborés sur les remparts de Tournay, Menin, Ypres, Courtray, etc..., sous lesquels nos frères, les patriotes brabançons et flamands, iront respirer l'air pur et céleste de la liberté qui doit les électriser, et que naguère ils ont laissé échapper. Dans ce cas indubitable nous ne doutons pas qu'on ne célèbre ce soir à Lille ces premières conquêtes à la liberté, par des démonstrations de joie et par des illuminations. Nous pouvons déjà assurer aujourd'hui que Mons est dans ce moment au pouvoir des François ; on dit que *M. de Lafayette* a passé le Rhin et s'achemine vers Luxembourg ; que M. le maréchal *Luckner* s'est déjà emparé de plusieurs places fortes et qu'il a chassé les Autrichiens des gorges de Porrentrui. Quant à M. le maréchal *de Rochambeau*, il compte bien aller coucher mercredi ou jeudi à Bruxelles, dans le lit auguste de l'auguste couple des gouverneurs-généraux des Pays-Bas.

L'affaire entre le détachement de cavalerie qui étoit à Frelinghien et les Autrichiens n'a pas eu plus de suite que celle d'Houplines. Les Autrichiens ont fui devant nos cavaliers françois. Ces derniers ont passé le bac pour les poursuivre et ont été boire dans un cabaret sur terres ennemies, voyant que personne n'avoit rien à leur dire, ils ont repassé la rivière pour revenir à leur poste.

.\.\.

Rien de positif dans le moment où nous allons à la presse, sur l'expédition de nos troupes. Les uns disent qu'elles sont à Tournay, et d'autres qu'elles sont restées campées entre Horcq et Marquin, à une demie lieue de Tournay. Demain les détails seront plus intéressans et plus sûrs, ayant envoyé un de nos facteurs pour observer les mouvemens et nous en rendre compte.

De Lille, 3o avril 1792.

. . . . Hélas ! . . . . . En rédigeant l'article qui termine notre gazette d'hier, nous étions loin de nous former une idée que l'allégresse qui accompagnoit nos troupes, en partant pour aller conquérir la liberté au peuple de Tournay, se seroit changée en un jour d'horreur, de deuil et de défaite. L'accablement où nous a jetté tant de maux qui révoltent la raison et la sensibilité, et qui affligent l'humanité entière, nous ôte les forces, et notre plume se refuse d'écrire les événemens qui se sont succédés dans le cours de cette journée à jamais maudite, et qui devroit être effacée des annales du monde. Nos troupes, arrivées devant Tournay à l'aurore, se sont établies entre Horcq et Marquin. Tout le monde convient que cette position étoit avantageuse pour le projet d'attaque de M. Dillon, mais elles ont été prévenues par l'ennemi qui les a accablées sans que le général françois ait donné le moindre signe de combat et de défense ; de manière qu'il ne s'est pas tiré de notre côté un seul coup de fusil, ni un seul coup de canon. L'ennemi dix fois supérieur en nombre, profitant de l'avantage que lui fournissoit la trahison du chef des François, s'est avancé sur deux colonnes et a enveloppé, battu en face et des deux côtés, notre armée qui a été obligée de prendre la fuite après que le général, M. *Dillon* lui-même, a eu jeté l'épouvante en criant *sauve qui peut*, et notre cavalerie dans cette affreuse débâcle a fait autant de mal à l'infanterie que l'ennemi même. Vers les 11 heures, au moment que la distribution de cette gazette commençoit, notre cavalerie qui fuyoit à toute bride et qui étoit poursuivie par l'ennemi, entroit en ville par pelotons de 3 à 4 cavaliers. La générale a battu ; cette alarme qui a préludé à de grands crimes a été universelle. La garde nationale a pris les armes et s'est portée sur les remparts ; enfin cette journée terrible a été une journée de sang et de meurtres. Le commandant de l'artillerie a été hissé en entrant en ville à un réverbère ; le curé inconstitutionnel de la paroisse de la Magdeleine ayant été trouvé habillé en femme, excitant par ses discours à la guerre civile, a suivi le même sort ; deux autres personnes ont aussi été assassinées ; M. Dillon, à qui l'on attribue tous les maux de cette horrible journée, a été haché en pièces et ses tristes restes brûlés sur la grand'place. Enfin nous ne pouvons dire dans ce moment, le nombre d'hommes que nous avons perdus dans cette trop malheureuse défaite, ni rendre compte de toutes les horreurs qui se sont commises au milieu d'une affliction qui se peignoit sur tous les visages.

Le bruit se répand dans ce moment, 9 heures du matin, que M. de Rochambeau est avec une armée formidable devant Tournay. L'imprudence ou la trahison de M. Dillon doit bien affliger M. le maréchal. On bat dans ce moment la générale, c'est sans doute à l'occasion des secours que M. de Rochambeau demande et qu'il s'attendoit trouver dans les environs de Tournay [1].

---

[1] Comme on le verra dans les extraits suivants ce récit de la première heure renfermait bon nombre d'inexactitudes et d'erreurs, et notamment attribuait le désastre à l'imprudence ou à la trahison de Dillon, tandis

De Lille, 2 mai 1792.

M. Dillon, chargé par M. le maréchal de Rochambeau de conduire vers Tournay les troupes de notre garnison, et celles qui s'y étoient réunies, formant ensemble environ 3600 hommes, reçut en même temps l'ordre précis, en cas d'attaque de la part de l'ennemi, de se replier, surtout s'il ne se jugeoit pas en état de combattre avec avantage.

Deux heures après avoir campé entre Horcq et Marquin, à une demie lieue de Tournay, le général voyant une colonne ennemie sortir de derrière un mont, s'allongeant vers son camp, et faisant jouer son artillerie, mais ne pouvant juger du nombre, il fit prudemment battre la retraite. Sa troupe n'étant point prévenue de cette manœuvre bien combinée, qui bientôt lui auroit inspiré de la confiance en son chef, puisqu'elle l'auroit mis dans la position avantageuse d'attirer l'ennemi en rase campagne, a été le signal de cette déroute qui est devenue une calamité par les assassinats qu'elle a occasionnés. Il n'a pas été tiré un seul coup de fusil de la part des François. Le 6ᵉ rég. des chasseurs du Languedoc a cependant développé dans cette circonstance, extrêmement malheureuse, une manœuvre savante, qui mérite les plus justes éloges. Nous n'avons fait aucune perte marquante dans cette affaire : jusqu'à présent, il ne manque pas douze hommes, et sans doute il est à croire qu'ils rejoindront leurs drapeaux, puisqu'il en arrive à tous les instans. Les assassins de M. Dillon et du commandant d'artillerie doivent bien avoir à se reprocher

---

qu'il n'était que le résultat d'un concours de circonstances malheureuses et surtout de l'esprit d'indiscipline et de méfiance contre leurs chefs qui existait chez un certain nombre de soldats.

leur criminel attentat envers ces deux officiers, que la loi auroit punis s'ils eussent été trouvés coupables de trahison, ainsi qu'on les en a accusés ; et la constitution qui nous rend à la liberté, n'auroit pas été flétrie par des assassinats qui dégradent la nature entière, et qui rangent avec raison les meurtriers dans la classe des cannibales. . . .

On dit que M. le maréchal de Rochambeau qui commandoit en personne dans une affaire qui vient d'avoir lieu entre Mons et Tournay a battu l'ennemi. M. Dubau, maréchal de camp, a été nommé pour remplacer M. Dillon. Ce général est arrivé à Lille lundi dernier. Tous les jours il arrive et part des troupes.

Assemblée nationale. — 1er mai 1792.

« Les ministres étant entrés en séance, le ministre de la guerre a pris la parole. Il n'a pas rendu compte du mouvement général de l'armée du Nord, commandée par M. de Rochambeau ; il s'est borné à parler du détachement sorti de la ville de Lille, et destiné à attaquer Tournay, sous les ordres de M. Théobald Dillon, maréchal de camp. Ce détachement, parti le 28 avril au soir, a rencontré à trois lieues de Tournay les troupes autrichiennes. Le combat s'est engagé et les François ont été battus ; la perte est évaluée de 250 à 300 hommes ».

(Ce rapport n'est pas du tout conforme à la vérité. Nous sommes obligés, comme journaliste, de rétablir les faits dans toute leur pureté. 1° L'ennemi n'est point venu à la rencontre de nos troupes, qui se sont établies tranquillement, comme nous l'avons dit, entre Horcq et Marquin à une demie lieue de Tournay. 2° La perte d'hommes n'est tout au plus que de 8 à 10 hommes, encore espère-t-on qu'ils rejoindront leurs drapeaux, car il en rentre tous les jours. Il est mort, il est vrai, à l'hôpital militaire de Lille, quelques hommes de notre infanterie, mais ils n'ont point été blessés par l'ennemi : c'est notre cavalerie, dans sa criminelle déroute, qui a foulé aux pieds de ses chevaux, ces malheureuses victimes).

« Le général Dillon, ajoute le rapport, a été massacré dans une grange, près de la ville, où il s'étoit retiré après le combat, pour se soustraire au sort dont il se voyoit menacé par les siens. Son aide de camp, un curé autrichien et six chasseurs tyroliens prisonniers ont été pendus à Lille. »

(Il est vrai que M. Dillon s'étoit réfugié chez un fermier, mais, des ennemis de l'ordre, des cannibales ayant eu connaissance de sa retraite, s'en furent le chercher, et conduisirent leur victime à Lille ; arrivé au faubourg de Fives, un de ces hommes cruels qui cherchent à se repaître du sang des victimes qu'ils ont juré de faire tomber sous leurs coups meurtriers, lui lâcha un coup de pistolet qui atteignit le général au front ; un autre assassin lui cassa le genou d'un autre coup de pistolet ; enfin M. Dillon fut arraché de son cabriolet et haché en morceaux ; ses membres épars furent portés, ô horreur ! comme en triomphe, par ces hommes de sang, sur la Grande Place, où la populace détacha toutes les enseignes qui portoient des noms comme *duc de Bourgogne, comte d'Artois,* etc., qui servirent à brûler les restes de ce trop malheureux général. C'est peut-être son grand patriotisme qui lui a coûté la vie ; car le jour même qu'il se mit à la tête de ses troupes, il témoignoit son regret à un lieutenant-colonel de cavalerie, de nos amis, qui restoit à Lille, de ne pas le compter parmi les chefs de l'armée qu'il étoit chargé de commander : *Vous aurez bien du regret de ne pas être avec nous,* lui dit-il, *quel plaisir de commander à de tels hommes !* — (Il est vrai qu'on a massacré deux ou trois étrangers ; le curé qui a perdu la vie n'étoit pas Autrichien, c'est le curé réfractaire de la Magdelaine ; et ce malheureux ecclésiastique a été trouvé dans la rue, habillé en femme, et c'est dans ce costume qu'il a été hissé à la lanterne. Quant à l'aide de camp de *M. Dillon,* il n'a heureusement pas été assassiné. Grâce à la Providence, après avoir essuyé nous-mêmes des maltraitements sans nombre, nous avons contribué avec quelques bons citoyens à lui sauver la vie. Ce n'est point le commandant de l'artillerie, comme nous l'avons dit par erreur, qui a péri par la main des assassins dans cette calamité publique, c'est un officier du génie).

. .
.

M. Chaumont, aide-de-camp de l'infortuné Dillon, qui, lui-même a été l'une des victimes de cette fatale journée, en publia une relation, dont *la Gazette de France* donna l'extrait suivant :

« M. d'Aumont, lieutenant-général, commandant la première division, ayant reçu le 24 août, les ordres du ministre de la guerre, pour faire porter avant le 30 un corps de troupe vers Tournay, M. Théobald Dillon, maréchal-de-camp, fut chargé du commandement de cette expédition...

« M. Berthois, colonel directeur du génie, fut envoyé le 25 auprès de M. le maréchal de Rochambeau pour recevoir ses ordres particuliers sur tous les objets du détail,..

« Le 27, M. le maréchal envoie au général Dillon des instructions écrites, où, en se conformant à celles qui avoient été données par le ministre, il lui indique les dispositions qui doivent être faites sur le terrain d'après les circonstances : M. le maréchal lui enjoint surtout de ne point engager d'affaire avec l'ennemi, dans la crainte de se compromettre vis-à-vis de forces supérieures, dans le cas où la garnison de Tournay, qui avoit été considérablement renforcée viendroit à sa rencontre ; si cette ville au contraire se trouvoit évacuée à son approche, il lui prescrit d'y laisser son infanterie pour l'occuper, et de suivre l'ennemi avec sa cavalerie, afin de l'inquiéter dans sa marche, pour faciliter l'opération de M. de Biron sur Mons.

« Toutes les mesures de précaution étant prises ou prévenues, le général Dillon donne ses ordres le 28, pour mettre, dès le même soir, d'après l'instruction de M. le Maréchal, ses troupes en mouvement.

« Elles se mettent en marche à neuf heures, dans l'ordre fixé, et sortent de la ville à travers un peuple immense, qui applaudissoit avec transport à l'ardeur qu'elles témoignoient, et au civisme de leur général.

« A une heure du matin, la colonne touche au village de Baisieux, que l'avant-garde occupoit déjà, et fait halte ; on donne de l'avoine aux chevaux, et la troupe se refait.

« MM. Berthois et Valabris se portent en avant du village, et pour reconnoître la position de 50 chasseurs qui occupent l'avancée, et pour recueillir en même temps les renseignemens qu'ils pourront se procurer sur celle des postes ennemis : le général s'y rend lui-même ; il apprend que la garnison de Tournay est sortie dès la veille, du côté de Lille, et que la barrière, à l'entrée du territoire autrichien, est occupée par les ennemis.

« Il étoit alors trois heures du matin : le général s'assure que tout est en ordre ; il fait observer les distances et placer l'artillerie dans les intervalles, il fait avancer les deux premières compagnies de grenadiers pour enlever la barrière, ce qui a lieu aussitôt ; et elles soutiennent 50 chasseurs qui se portent en avant sur la chaussée ; le général envoie un trompette pour porter au poste ennemi, situé à Marquin, la déclaration de guerre... Il s'engage sur le chemin une légère escarmouche : nos chasseurs, emportés à la poursuite d'un poste de cavalerie ennemie qui se replie précipitamment, sont assaillis de quelques coups de fusil par un poste d'infanterie qui se tenoit couvert ; un de nos hommes est tué et deux autres faits prisonniers ; mais ce léger échec ne fait qu'animer les chasseurs. On présente peu après au général deux soldats tyroliens sans armes, et ils sont confiés à la garde laissée au village de Baisieux. Le reste des deux escadrons de chasseurs s'avance, soutenu par les grenadiers ; il nous paroit que le poste autrichien en se retirant, a reçu du renfort ; en conséquence, le général fait porter aussitôt sa colonne en avant, et fait déployer un bataillon.

« Le général étend son déploiement à droite et à gauche de de la chaussée, en portant sa cavalerie sur la hauteur à l'aile droite, et sur deux lignes, il fait occuper le village de la gauche par une compagnie de grenadiers et un escadron de chasseurs ; un autre village, situé à droite, est de même occupé par un escadron de cavalerie et une compagnie de fusiliers ; différens partis de troupes légères et de cavalerie se portent successivement en avant du front de la ligne et sur les ailes, pour éclairer les ravins et les bosquets voisins des villages.

« Le général, satisfait de sa position et se trouvant placé avec avantage pour observer les mouvemens de l'ennemi et se retirer ensuite en bon ordre, se proposoit d'y rester assez de tems pour refaire ses troupes ; après avoir bien examiné la droite et la gauche de sa position, il s'affermit davantage dans l'opinion que l'ennemi ne pouvoit pas l'y forcer; et qu'il restoit maître du mouvement de sa retraite ; il fait donc presser l'arrivée des fourrages, du pain et de l'eau-de-vie, qu'il fait aussitôt distribuer.

« Les nombreux rapports que le général reçoit le confirment dans la présomption où il étoit que la garnison de Tournay marche toute entière sur lui, et en forces très supérieures ; il communique alors ses instructions qui lui prescrivoient de se retirer devant cette supériorité de forces, pour éviter tout engagement, à quelques commandans le corps qui se trouvoient près de lui, au moment où la tête de la colonne des ennemis se découvre sur la hauteur et avant son déployement ; la distance étoit encore de plus de mille toises ; et quand le mouvement de retraite des troupes françoises commença, conformément aux ordres du général, l'arrière-garde se trouvoit au-delà de la grande portée du canon de l'ennemi.

« La cavalerie reçoit ordre de se porter en avant pour couvrir le mouvement de l'infanterie qui se replie en colonnes par bataillon. Les régimens de cavalerie restent en présence encore quelque tems et marchent successivement en retraite ; mais quelques escadrons, au lieu de rester en bataille sur la hauteur, quittent cette position très-nécessaire pour couvrir la retraite ; alors l'ennemi tire quelques coups de canon pour tâcher de les ébranler, mais à une distance trop grande encore pour que les boulets pussent les atteindre. Ces escadrons pouvoient se replier lentement en ordre sans la moindre perte ; cependant, ils se retirent avec précipitation, et ils communiquent cette funeste impression à l'arrière-garde. Les différentes colonnes, rompues par ce choc, se jettent en désordre sur la chaussée, et la déroute devient générale. Les charrettes et les bagages sont abandonnés par les charretiers.

« Le général qui avait fait ses dispositions si régulières pour assurer sa retraite, sans s'exposer à aucun engagement conformément à ses instructions, fait de vains efforts pour gagner la tête de la colonne et la rallier.

« Des cris séditieux de traîtres et de trahison se font entendre autour de lui. Dans ce désordre, un cavalier françois, un lâche assassin lui porte un coup de pistolet ; au même instant, un autre cavalier tire à côté de lui un coup de pistolet à son aide de camp qui en est atteint et renversé, et qui n'a connoissance de ce qui s'est passé depuis que par le récit qu'un paysan lui a fait des crimes commis à Lille ; il a été ensuite transporté à Valenciennes, où il est arrivé le 30 au matin ».

De Lille, 21 mai 1792.

M. D'AUMONT, lieutenant-général, commandant de la première division de l'armée du Nord, vient de se livrer à son louable penchant de bienfaisance, par un acte de cette générosité qui l'a toujours si éminemment caractérisé, en plaçant en rente viagère sur la tête de l'épouse infortunée de M. *Théobald Dillon*, une somme de 4000 livres reversible sur celles de ses enfans. Cette mère tendre et épouse chérie étoit accouchée d'un garçon la veille du jour où des brigands ont assouvi leur rage meurtrière, en assassinant si cruellement ce trop malheureux époux et père de famille.

Du 16 juin 1792.

ASSEMBLÉE NATIONALE
*Décret pour honorer la mémoire
des victimes de l'erreur populaire à Lille.*

L'assemblée considérant que la plus précieuse fonction des législateurs est de réparer les outrages faits à l'humanité, d'honorer la mémoire des citoyens qui se sont dévoués pour le salut de leur pays, de porter des consolations dans le sein de leurs familles, d'offrir enfin aux guerriers des modèles à suivre et, à tous les citoyens, le tableau des malheurs qu'entraînent la désobéissance aux lois et le mépris d'autorités légitimes.

Considérant que *Théobald Dillon*, maréchal de camp, employé à Lille, et *Pierre-François Berthois*, colonel directeur des fortifications de la même ville, sont morts le 29 avril de cette année, victimes des complots tramés contre la chose publique et le succès de nos armées, décrète qu'il y a urgence.

Décret définitif. — L'Assemblée nationale, ouï le rapport de ses comités d'instruction publique et de l'extraordinaire des finances réunis, après avoir déclaré qu'il y a urgence, décrète ce qui suit :

ART. 1. — Il sera élevé, aux frais du Trésor public, sur le glacis de la porte de Lille, vers le bord du chemin qui conduit à Tournay, un monument à la mémoire de *Théobald Dillon*, maréchal de camp, et de *Pierre-François Berthois*, colonel directeur des fortifications, morts le 29 avril 1792, l'an quatrième de la Liberté, après s'être dévoués pour la défense de la patrie et de la loi [1].

---

[1] Ce monument n'a jamais été élevé.

Art. II. — Le premier article du présent décret sera inscrit sur la face la plus apparente de ce monument.

Art. III. — Le pouvoir exécutif est tenu de prendre les mesures nécessaires pour que ce monument soit achevé dans le plus bref délai possible, et de remettre à l'Assemblée nationale les mémoires, plans et devis qu'exige son exécution.

Art. IV. — Il sera payé, par forme d'indemnité, à chacun des quatre enfans de *Pierre-François Berthois*, une somme annuelle de 800 livres pour leur éducation, jusqu'à l'âge de 21 ans, ou jusqu'à ce qu'ils aient obtenu un emploi produisant 800 livres, et à leur mère une somme de 1500 livres durant sa vie.

Art. V. — Il sera payé aussi à Auguste, Edouard et Théobald, enfans de *Théobald Dillon* et de Joséphine de Viefville, une somme annuelle de 800 livres chacun, pour leur éducation, jusqu'à l'âge de 21 ans, ou jusqu'à ce qu'ils aient obtenu un emploi produisant 800 livres, et à leur mère une somme annuelle de 1500 livres durant sa vie.

Art. VI. — *Antoine Dupont-Chaumont*, adjudant-général, et *Pierre Dupont-Chaumont*, aide de camp, blessés l'un et l'autre dans la journée du 29 avril, sont déclarés susceptibles, dès à présent, de la décoration militaire.

Art. VII. — Extrait en forme du procès-verbal de la séance sera envoyé, avec une lettre du président de l'Assemblée nationale, aux familles de *Théobald Dillon et de Pierre Fr. Berthois*, et aux deux frères *Antoine et Pierre Dupont-Chaumont*.

24 mai 1792.

La Société des Amis de la Constitution a fait célébrer hier, dans l'église paroissiale de S¹-Etienne, un service solennel pour le repos des âmes de MM. *Dillon, Berthois* et autres martyrs de la scélératesse de quelques brigands.

.·.

A M. BLONDELA, *auteur du discours qu'il prononça sur la mort de M.* BERTHOIS, *à l'issue de l'obit que la Société des Amis de la Constitution fit célébrer à sa mémoire, le 25 mai 1792, dans l'église paroissiale de S¹-Etienne, à Lille.*

    De tes brulans pinceaux quand la mâle énergie
        Electrisant d'avides auditeurs
    Sur l'urne de *Berthois* vient répandre des fleurs,
    De leurs couleurs, pourquoi l'indiscrète magie,
        Malgré nous maîtrisant nos cœurs,
    Pour payer le tribut à cette ombre chérie,
        Nous arrache-t-elle des pleurs ?
    Ce n'est point au récit des *barbares fureurs*,
        Tristes effets d'un coupable délire,
        Qu'un cœur se brise et se déchire,
    C'est, quand s'offre à mes yeux le désolant tableau
        D'une tendre mère éplorée,
        De tendres enfans entourée,
    Prêts à s'anéantir dans le même tombeau....
    Comme toi, mon ami, versant de douces larmes,
    Pénétré comme toi des plus justes regrets,
        En sanglotant je m'écriois:
        Ah que la douleur a des charmes !
    François, ils sont calmés les mânes de *Berthois*.
    Oui, libre, mais soumis vole au champ de la gloire,
    A de nombreux succès, pourrais-tu ne point croire
        Quand le plus généreux des rois
    T'offre la *liberté* pour prix de la victoire.

                Par M. H... de Lille
         de la Société anacréontique des Rosati.

Extrait des rôles de la session du Tribunal criminel du département du Nord du 15 juin 1792.

Le nommé Dupré, ouvrier maréchal, prévenu d'avoir, le dimanche 29 avril dernier, donné un coup de baïonnette au travers du corps du sieur Dillon, comme il s'en est vanté à plusieurs personnes en montrant ladite baïonnette teinte de sang et qu'il disoit être le sang dudit sieur Dillon.

Simon Bansart, grenadier au 56e régiment ci-devant Bourbon, en garnison en la citadelle de la ville de Lille, prévenu, d'avoir le 29 avril dernier, donné plusieurs coups de sabre sur le cadavre de M. Dillon, que la multitude effrénée traînoit dans les rues de cette ville, et d'avoir arraché des enseignes aux maisons de la place pour brûler ledit cadavre sur ladite place.

Félicité Blies, femme Pinart, perruquier à Lille, prévenue d'avoir le 29 avril dernier, après-midi, au moyen d'un fusil, armé de sa baïonnette, remué les entrailles de M. Dillon, lorsque ledit jour la populace effrénée bruloit son cadavre sur la place de cette ville.

Nicolas Huillier, soldat au 24e régiment d'infanterie, prévenu d'avoir porté le premier coup à M. Dillon, de lui avoir ensuite coupé la jambe, et porté cette jambe dans plusieurs rues de la ville, à la vue du peuple, en se vantant du crime qu'il avoit commis [1].

---

[1] Jean Dupré fut condamné à avoir la tête tranchée, comme Vasseur qui avait été jugé dès le 18 mai.
Les autres prévenus furent déclarés coupables des faits dont ils étaient accusés, mais le prononcé de la peine fut renvoyé au Corps législatif.

De Lille, 14 juillet 1792.

Hier, le malheureux *Vasseur*, tailleur pour homme, accusé d'avoir contribué à l'assassinat du plus malheureux encore M. *Théobald Dillon*, a été exécuté. C'est la première exécution à mort qui ait eu lieu dans le département dans la forme constitutionnelle. Ce spectacle terrible, par son appareil, est bien propre à contenir les méchans qui osent s'écarter des devoirs dus à la société ; mais beaucoup moins révoltant que la potence et la roue, si toutefois on pouvoit dire que les arrêts de mort, de quelque manière qu'ils s'exécutent, ne révoltât *(sic)* pas la nature.

---

8 mai 1792.

Arrêté du directoire du district de Lille

Tous les moyens possibles de défendre une ville si importante que Lille, et de la mettre à couvert des entreprises de l'ennemi, sont l'objet constant des soins particuliers de tous les pouvoirs constitués.

L'inondation des fossés de la place est celui de ces moyens qui, affectant plus ouvertement les yeux du public, lui a paru le plus efficace, et pour nous rendre à ses vœux, nous nous sommes empressés d'engager les agens militaires à le mettre de suite en usage.

Cependant il est de notre devoir de lui observer que cette inondation doit avoir des bornes qu'il seroit infiniment dangereux d'outrepasser, et que la hauteur actuelle des eaux dans les fortifications est au point convenable où il est prudent de les laisser.

1° Pour ne pas inonder toutes les parties basses de la ville, et surtout les caves habitées par des citoyens.

2° Pour laisser aux moulins à eau la liberté de leurs manœuvres indispensables à la préparation des subsistances qui sont d'une nécessité absolue pour tous les habitans.

3° Pour la facilité de la navigation et le transport d'effets militaires, de toutes espèces de denrées et marchandises, dont l'approvisionnement est d'une nécessité également pressante.

4° Pour éviter l'enlèvement subit et la perte totale des fils, toiles et cotons, actuellement sur les prés et blanchisseries, qu'une plus grande abondance d'eau pourroit entrainer dans un moment, ce qui ruineroit tous les fabricans, en même temps qu'on réduiroit 1000 ouvriers de blanchisseurs, 5000 ouvriers de filtiers, un grand nombre de fileurs de coton, à manquer de pain, faute de matières premières propres à les occuper, ainsi que les teinturiers, ouvriers en toile peinte, et autres, dont les puisards et ateliers se trouveroient submergés.

5° Enfin, parce que, conformément aux principes de la fortification et d'après l'aveu des militaires les plus expérimentés, ce ne doit être qu'à la dernière extrémité qu'il convient de recourir à la *grande inondation* des fossés d'une place de guerre.

Ces considérations majeures, présentées dans plusieurs pétitions adressées tant au directoire du district qu'à la municipalité, ont engagé les administrateurs à se réunir aux maire et officiers municipaux, pour délibérer.

Ouï le procureur-syndic, et tout considéré :

Nous, administrateurs composant le directoire du district de Lille, de concert avec lesdits officiers municipaux, avons unanimement résolu de requérir les officiers du génie, d'arrêter le travail de la *grande inondation*, à moins qu'ils n'aient reçu du général Rochambeau, des ordres pour continuer cette disposition extraordinaire.

Fait à Lille, au directoire du district, dans sa séance du 4 mai 1792, présens MM. Salmon, président, Fiévet, Cordonnier, Poutrain et Lesage-Senault administrateurs, Sta, procureur syndic, et Couvreur, secrétaire, et Messieurs les députés de la Municipalité de Lille.

———

De Lille, 10 mai 1792.

Ce n'est point exagérer de dire que depuis huit jours, au moins 150 déserteurs autrichiens, tous la cocarde nationale sur la poitrine ou à leur bonnet, sont arrivés ici et ont été conduits au comité. Hier, nous avons entendu de nos remparts des canonnades presque continuelles du côté de l'ennemi. Seroit-ce l'armée de M. le maréchal *de Rochambeau* aux prises avec l'ennemi du côté de Mons ? C'est ce que le temps nous apprendra. Un bruit confus se répandoit hier en ville, que Tournay étoit en pleine révolte.

———

Copie de la lettre écrite de Lille, le 21 mai de l'an 4ᵉ de la liberté 1792, à M. de Spaur, capitaine des chasseurs en détachement à Rume, village du Tournésis.

Monsieur,

La municipalité de Mouchin a communiqué à l'administration du district votre lettre du 20 de ce mois, et elle me fournit l'occasion de vous assurer qu'il n'existe dans aucun des habitans de cette frontière le moindre dessein de piller ou autrement insulter ceux des Pays-Bas ; c'est ce que leur conduite a prouvé depuis le commencement des hostilités. Mais, vous ne devez pas ignorer, Monsieur, que les troupes aux ordres de M. le commandant de Tournay se sont comportées bien différemment, puisqu'elles ont pillé absolument la maison du curé de Baisieux, puis le maire de Camphin, ses titres de propriété, et pour 6387 livres papier-monnoie ; pillé aussi entièrement presque toutes les maisons de Mouchin, enlevé des effets et de l'argent chez des particuliers des mêmes villages, de Baisieux, Camphin, Bachy et Leers ; massacré à Rumegies une femme et un enfant de quatre ans, *parce qu'il avoit une cocarde tricolore*, et à Toufflers, un employé de la douane qui veilloit à la fraude. Les habitans de nos campagnes et nos troupes de ligne sont bien éloignés d'user de représailles dans des circonstances identiques. Certainement, s'il n'étoit question que de désoler ainsi les campagnes et même d'aller plus loin, un coup de tocsin pourroit appeler bien vite deux cens mille hommes armés sur notre frontière, et si vous êtes bien informé à cet égard, Monsieur, vous serez assez prudent et assez juste, pour contenir vos soldats dans les bornes d'où ils n'auroient pas dû sortir.

Le procureur syndic du district de Lille,
Signé : STA.

De Lille, 26 mai 1792.

800 hommes du 24me régiment, ci-devant Brie, en garnison depuis plus de deux ans à la citadelle, sont partis

jeudi dernier pour Valenciennes. La partie de ce régiment qui reste ici est allée occuper le quartier des Buisses, où le 56me régiment, ci-devant Bourbon, étoit, et celui-ci le remplace à la citadelle.

L'auguste cérémonie de la bénédiction des drapeaux de la garde nationale de Lille s'est faite jeudi dernier avec beaucoup de solennité, dans l'église paroissiale de St-Etienne. Tous les chefs des corps militaires y ont été invités, et la municipalité en écharpe y a assisté. La nombreuse garde nationale, en tenue d'été, étoit sous les armes. Les drapeaux, dans leurs fourreaux, ont été portés de l'hôtel de ville à l'église. Le bataillon des enfans Garde national [1] ouvroit la marche ; la compagnie des vétérans, dans leur costume, le suivoit On a remarqué un vieillard respectable et vigoureux encore, âgé de 96 ans. La cérémonie finie, les drapeaux ont été portés déployés chez M. Bryan, colonel.

De Lille, 6 juin 1792.

Hier les premiers bataillons des régimens suisses de *Rinak*, venant d'Arras, et de *Courten*, venant de Douay, sont arrivés ici. *Rinak* est allé occuper le quartier des

---

[1] Ce bataillon d'enfants, connu sous le nom de Compagnie de l'Espérance, avait été organisé par M. de Boisragon, chevalier de St-Louis ; les plaisants l'avaient surnommé *Royal-Bonbon*.
Son drapeau représentait Minerve enveloppée de nuages, foulant aux pieds un joug et des chaînes et tenant à la main les attributs de la Liberté. Sur cette légende, on lisait ces mots : Enfants de la Patrie et de la Liberté. Sur l'un des côtés, on voyait inscrit : La nation, la loi, le roi ; sur l'autre, un petit génie montrait ces mots du bout du doigt : Vivre libre ou mourir. Enfin le bas du drapeau portait cette inscription : La valeur n'attend pas le nombre des années.

Malades, et *Courten* celui de St Maurice. Le premier bataillon d'Orléans, infanterie, venant de Cambray, est également arrivé et est allé loger au quartier des Buisses. Dans le moment où nous allons à la presse, l'avant garde d'un régiment de hussards entre en ville.

De Lille, 7 juin 1792.

400 hussards du régiment d'*Esterazy*, venant de Cambray, sont arrivés hier ici ; le premier bataillon de *Béarn*, venant de Béthune, et 8 compagnies du premier bataillon des volontaires soldés de l'*Isle-de-Villette (sic)*, Breton, sont également arrivés. Les quartiers étant tous occupés, on loge les hussards au couvent des ci-devant carmes déchaussés, *Béarn* à celui des carmes chaussés, et les volontaires aux capucins.

De Lille, 8 juin 1792.

Hier un escadron du 6me régiment Dragons, ci-devant de la Reine, venant de Douay, et un bataillon des volontaires soldés du Loiret sont arrivés ici. 100 hommes du régiment de l'Auxerrois ont conduit à Lille plusieurs caissons de munitions. Ils ont logé chez le bourgeois et ce matin sont retournés à leur garnison.

9 juin 1792.

Déclaration des gardes nationaux du canton de Templeuve.

Nous, chefs des gardes nationaux du canton de Templeuve-en-Pévèle, district de Lille, département du Nord, et membres de la fédération faite à Lille, le 6 juin 1790. Considérant que les soldats de François 1er, roi de Bohême et de Hongrie, se livrent journellement à des excès contre les habitants des campagnes, en pillant, volant, dévastant les maisons, forçant les fermiers à transporter dans les Pays-Bas les effets volés, tuant femmes et enfans, et les hommes qu'ils trouvent armés pour le maintien de la police intérieure, comme le prouvent les événemens arrivés à Toufflers, Bachy, Mouchin, Baisieux et Camphin où les maires ont été enlevés et conduits prisonniers à Tournay. *(Pour prévenir désormais de telles horreurs de la part d'un ennemi si cruel, on va former un camp dans la plaine de Cysoing. Ce rassemblement de nos guerriers saura bien faire respecter les propriétés de nos frères de la frontière et détourner le fer assassin des brigands de dessus leurs têtes. Déjà deux de nos généraux, accompagnés d'officiers du génie, ont été reconnoître le terrain, et hier 70 voitures d'attirails de guerre sont arrivées de Valenciennes à Lille).*

Considérant aussi que, par le serment fédératif, nous nous sommes promis aide et assistance mutuelle contre les ennemis communs, et de défendre nos personnes et biens contre semblables attentats, d'autant plus crians, qu'ils n'ont été provoqués par aucuns de nous ; nous dénonçons les faits ci-dessus à nos frères et compagnons d'armes les

François, citoyens-soldats des départemens du Nord, du Pas-de-Calais et de la Somme, fédérés à Lille, le 6 juin 1790, pour par eux aviser aux mesures qu'ils doivent prendre en conséquence du serment qu'ils ont prêté à la face du ciel, et sur l'autel de la patrie érigé au champ de mars audit Lille.

Fait et signé dans le canton de Templeuve, le 23 mai de l'an quatrième de la liberté, 1792. Et sera un exemplaire des présentes, adressé aux gardes nationaux des chefs-lieux des trois départemens et de leur district, sous la certification d'Edouard Joseph Desplanques, l'un de nous.

Signé: Louis Delezenne, commandant en chef du 1er bataillon. Charles Noblet, commandant en second, *idem*. Wattelier, adjudant, *idem*. Demarescaux, commandant en chef du 2me bataillon. Théodore J. Rogez, commandant en second, *idem*. Aug. Etien, adjudant, *idem*. Bonnier, commandant en chef du 3e bataillon. Wauquier, commandant en chef du 4e bataillon. P. F. J. Six, commandant du 5e bataillon.

———

De Lille, 9 juin 1792.

Depuis huit à dix jours, l'on compte au moins 180 déserteurs autrichiens arrivés à Lille, Valenciennes, Douay, Cambray, etc.... Le nombre des patriotes brabançons augmente tous les jours. Déjà resserrés dans le vaste couvent des ci-devant augustins, on vient de leur assigner la ci-devant abbaye de Loos. Il paroit que cette belle troupe sera à pied et à cheval, car il y a deux jours qu'il leur est arrivé 200 superbes chevaux. Leur général, a été reçu dimanche dernier, membre de la Société des Amis de la

Constitution ; après son serment, il a prononcé un discours plein de patriotisme et d'amour pour la liberté.

De Lille, 10 juin 1792.

Dans la nuit du 8 au 9, environ 100 hussards d'*Esterazy* et dragons du 6ᵉ régiment sont sortis de la ville pour aller à la chasse de l'ennemi. Leur attente ne tarda pas à être remplie. A la pointe du jour ils découvrirent un parti de près de 200 hulans au-dessus de Cysoing, ils le poursuivirent avec vigueur, bien avant sur le territoire autrichien, sans éprouver beaucoup de résistance. On dit que la perte de l'ennemi est de 30 hommes tant blessés que morts. Nous avons perdu un hussard, un casque de dragons, et un autre hussard a été blessé au visage. Nos gens revenus à Cysoing s'y sont un peu refaits et ne comptant plus sur le retour de l'ennemi, à cause surtout du mauvais tems, ils ont repris la route de Lille. Bientôt un paysan espion a été l'avertir que les François étoient partis pour Lille et qu'il n'avoit plus à les redouter ; il est revenu sur Cysoing vers midi, époque où nos gens rentroient à Lille, y ont *(sic)* abattu l'arbre de la liberté, pillé la maison pastorale et un cabaretier. Il seroit bien à désirer qu'un tel coquin fut puni sur le champ avec toute la rigueur des loix de la guerre. Nous nous bornons à rapporter ce fait tel qu'il nous a été raconté par un paysan de ce village. Nous y reviendrons si des circonstances particulières, et que nous ignorons au moment où nous allons à la presse, l'exigent.

De Lille, 11 juin 1792.

Toute notre garnison, cavalerie et infanterie, est partie ce matin pour aller jeter les fondemens du camp de Cysoing, sous peu de jours ce rassemblement de nos guerriers sera de 10 à 12000.

Du 12 juin 1792.

Avis de la municipalité aux concitoyens-soldats de la ville de Lille.

En conformité de la loi du 6 mai dernier, concernant l'augmentation de la garde nationale soldée, et qui tend à donner plus de consistance aux bataillons de cette garde, en ajoutant à chacun d'eux le nombre de 226 hommes :

Les *maires* et *officiers municipaux* donnent avis aux citoyens-soldats qui désirent s'enrôler dans la garde nationale soldée, que le registre d'inscription est ouvert au secrétariat de la commune : il seroit superflu d'en dire davantage pour engager les citoyens-soldats à prendre parti parmi les défenseurs de la patrie qui vont repousser l'ennemi loin de nos frontières ; l'empressement qu'ils ont témoigné à la première inscription fait assez espérer que leur zèle ne se démentira pas dans cette occasion.

Fait en l'assemblée du corps municipal, à Lille, le 12 juin 1792.

WAYMEL, *secrétaire-greffier.*

Autre avis du 12 juin 1792.

Le ministre de la guerre, pour connoître les ressources qu'il pourroit tirer du zèle et du courage des gardes nationales des villes, et pour leur fournir l'occasion de se signaler, a demandé à l'administration du département du Nord, par l'organe du maréchal LUCKNER, qu'il soit constaté au moyen d'une inscription volontaire, quel est le nombre des citoyens qui veulent s'engager à prendre les armes pour la défense de la Place, au cas qu'elle soit attaquée. Cette demande ayant été communiquée le 11 de ce mois à l'administration municipale par celle du district, les *maire et officiers municipaux* donnent avis aux citoyens-soldats qu'ils ont fait ouvrir, en conséquence, au secrétariat de la commune, un registre pour l'inscription des noms de ceux qui désirent porter les armes pour la défense de la Place, et ils engagent les citoyens-soldats de donner, en allant au devant des désirs du ministre et de M. le maréchal LUCKNER, une preuve de leur dévouement à la chose publique.

Fait en l'assemblée du corps municipal à Lille, le 12 juin 1792.

WAYMEL, *secrétaire-greffier.*

De Lille, 13 juin 1792.

M. le maréchal *Luckner* est arrivé hier sur les 9 heures du matin accompagné des généraux sous ses ordres.

Une partie de l'armée qui composoit le camp de Famars le suivoit de près. Ce corps, qui étoit allé s'établir près St-Amand le 9, reçut ordre, dans la nuit du 10 au 11, de plier bagage. A 3 heures du matin, l'armée se mit en marche sans savoir sa destination, arrivée à Orchies on lui a fait faire halte et tout le monde a été logé chez les bourgeois et dans les couvens supprimés. Hier, à la même heure, l'armée se mit de nouveau en marche, ignorant toujours où elle portoit ses pas ; elle arriva à Lille, sans que personne ne se doutât de son approche ; ce fut seulement 2 heures avant son apparition qu'on alla reconnaître le local où elle devoit camper. Elle entra par la porte des Malades et fila droit, sans s'arrêter, sur les plaines hors de la porte de la Magdeleine.

A 3 heures de l'après-midi toute l'armée a été rendue au rendez-vous. L'on a vu en peu de tems des champs fertiles, couverts d'une récolte abondante, la seule espérance du cultivateur, couverts d'hommes, de tentes, de chevaux, de charriots, de canons, et de tout ce qui est nécessaire aux besoins de la vie humaine. Le camp s'étend depuis la porte de la Magdeleine jusqu'au village de Marquette et les tentes sont dressées sur une file de six de hauteur. Les différens corps militaires qui y campent, sont : INFANTERIE, un bataillon du 1er régiment, ci-devant *Colonel-général*; un du 5me, ci-devant *Navarre*; un du 6me, ci-devant *Armagnac*; un du 22me, ci-devant *Viennois*; un du 24me, ci-devant *Brie*; un du 49me, ci-devant *Vintimille*; un du 50me, ci-devant *Hainault*; un du 74me, ci-devant *Beaujolais*; un du 81me, ci-devant *Conti*; un du 89me, ci-devant *Royal-Suédois*. VOLONTAIRES SOLDÉS, 4 bataillons, savoir : 2 de Paris, 1 de la Seine-Inférieure et 1 de l'Aisne. CAVALERIE, 2 escadrons du 3e régiment, ci-devant *Commissaire-générale (sic)*; 2 du 8me, ci-devant *Cuirassiers-Dragons*; 2 escadrons du 14me, ci-devant *Chartres*; 2 du 17me, ci-devant *Schomberg*; un détachement des chasseurs à cheval et un bataillon des 3ᵉ et 7ᵉ régimens d'artillerie.

Le quartier-général a pris son logement au fauxbourg de la Magdeleine. M. le maréchal, dont l'activité ne le cède pas à la plus brûlante jeunesse, sans prendre aucun repos, est monté à cheval et s'est fait conduire et accompagner par quelques généraux au camp de Cysoing, d'où il est revenu sur le soir. Au moment de la dissolution du camp de Famars, 18000 hommes de l'armée du centre sont venus l'occuper, et celui près de Maubeuge a également été occupé par des troupes sous les ordres de M. *Lafayette*. Une patrouille au camp de Cysoing a eu une rencontre de hulans la même nuit du jour de son campement, mais ceux-ci ont pris la fuite sans coup férir.

―――

De Lille, 15 juin 1792.

Tout est tranquille ici. Il arrive tous les jours des troupes qui viennent grossir l'armée de M. le maréchal Luckner. Hier, un bataillon du département de la Manche est arrivé à Lille, et, malgré le tems, il a été prendre son rang au camp du fauxbourg de la Magdeleine. Le corps des carabiniers, parti de Valenciennes le 13, arrivera demain ici. M. *De Grave*, ex-ministre de la guerre, est arrivé le 12 à Valenciennes, chargé par le roi de prendre des renseignemens auprès des généraux sur tous les objets militaires qui pourroient manquer aux armées, le gouvernement voulant pourvoir à tout. Il s'est rendu sur le champ à l'armée du centre auprès de M. *Lafayette* ; de là, il viendra remplir sa mission auprès de M. le maréchal *Luckner*, pour tout ce qui est relatif à l'armée du Nord. Tous les jours les soldats autrichiens franchissent les bornes de la frontière. Tous ou presque tous arrivent avec armes et bagages. Cette désertion continuelle semble alarmer le gouvernement des Pays-Bas, puisque l'on assure que les garnisons de Menin, Courtray, Gand, etc., ont reçu ordre de se concentrer dans l'intérieur des provinces.

De Lille, 16 juin 1792.

Le beau régiment des Carabiniers que, depuis les guerres de Flandres et d'Hanovre, on n'avoit pas vu dans ces provinces, est arrivé hier sur les 11 heures du matin. Sans s'arrêter, il a traversé, en belle tenue, la partie de la ville qui conduit de la porte des Malades, par où il est entré, à celle de la Magdeleine, pour aller prendre rang au camp. Tout est très tranquille. Les hulans et les tyroliens qui venoient, en *braves*, assassiner, piller et désoler nos malheureux paysans sans défense, ou qui, pour attaquer un poste de 20 hommes se mettoient 2 ou 300, n'approchent plus depuis qu'ils savent trouver à qui parler, et les chefs de ces assassins n'écrivent plus de lettres menaçantes aux maires des villages. Ces brigands ont la louable habitude de se mettre 100 contre 10 ; politique excellente pour avoir occasion de faire les bulletins officiels, avec lesquels on cherche à éblouir le peuple, qui néanmoins n'est plus dupe de ces fanfaronnades, depuis surtout que le camp de Leuse, et les hôpitaux frontières, ne peuvent plus contenir les blessés, et qu'on a été obligé de les conduire sur de nombreux convois de charrettes, à Bruxelles.

La garde nationale du village de Bondues qui, depuis les hostilités commencées, étoit toujours armée, a fait mardi dernier la rencontre, dans une de ses patrouilles, d'un récollet réfractaire. Les paysans s'ameutèrent et ils auroient indubitablement attenté à ses jours sans le vicaire constitutionnel qui est venu haranguer, la loi à la main, son troupeau. Il a obtenu enfin que ledit récollet fut conduit au quartier-général. M. le maréchal *Luckner* a accordé, aux sollicitations du brave vicaire, une escorte pour le défendre de la fureur du peuple, qui l'a envoyé chez un juge de paix, et celui-ci a envoyé le fanatique récollet à la tour St Pierre (prison de la ville). M. *Luckner*, pour récompenser le patriotisme du vicaire constitutionnel, lui a fait délivrer une commission d'aumonier de l'armée du Nord, avec les appointemens de 150 livres par mois.

———

De Lille, 17 juin 1792.

Tout est tranquille ici et dans les différens camps qui entourent cette place. Les mouvemens les plus remarquables ne sont occasionnés que par les troupes et les munitions de guerre, qui y arrivent presque à tous les instans. Le 2me régiment des Carabiniers ou Grenadiers à cheval, arrivé à Valenciennes le 14, a reçu ordre en route de ne point faire de séjour dans cette ville ; il en est, en conséquence, parti le lendemain 15 pour l'armée de M. le maréchal de *Luckner*, où il arrivera aujourd'hui. La nuit précédente, des détachemens du camp de Cysoing se sont avancés de très près de celui des Autrichiens, qui vient de s'établir entre Rumes et Marquin, près de Tournay. Il y a eu une légère escarmouche, dont les suites se racontent différemment. Les hulans sont venus du côté d'Halluin, mercredi dernier, n'ayant rien à redouter des paysans sans défense. Ils ont répandu l'alarme. On dit qu'ils ont assassiné deux personnes dans leurs maisons, puis qu'ils se sont retirés après quelques pillages. Il s'est répandu un avis adressé des provinces Belgiques au comité des Belges, séant à Lille. Le voici littéralement :

» Patriotes belges !... mettez vos armes en état ; procurez-vous bien vite des munitions de guerre de toute espèce ; soyez tous d'accord et établissez des correspondances dans toutes les villes, bourgs et villages de notre pays.... Ne négligez aucun des moyens qui peuvent être employés pour chasser les satellites de nos tyrans et de nos oppresseurs..... *Bientôt*, CHERS AMIS, *bientôt*, vous aurez l'occasion de montrer votre courage, votre bravoure, votre patriotisme. *Bientôt*, vous pourrez arborer hardiment le signe de la LIBERTÉ et vous parer de la devise sacrée : VIVE LIBRE OU MOURIR. *L'an 4me de la liberté françoise qui sera l'an 1er de la Liberté des Belges, etc., le 10 juin 1792.*

« N. B. — *Faites réimprimer et distribuer cet avis partout* ».

De Lille, 17 juin 1792.

Le camp nombreux du fauxbourg de la Magdeleine a été levé à deux heures du matin. Les troupes, pénétrées de respect, et après avoir juré à M. le maréchal *Luckner*, idole tutélaire de l'armée du Nord, une obéissance aveugle et sans borne, ont pris la route de Quesnoy, et l'air *Ça ira*, qui servoit de marche, retentissoit dans les airs. Jamais armée n'a témoigné plus de bonne volonté et d'ardeur pour voler au combat. Le secret étant une des vertus qui caractérisent particulièrement M. le commandant général, âme qui vive ne sait où elle porte ses pas.

———

De Lille, 18 juin 1792.

Nous avons parlé dans le dernier bulletin, d'une légère escarmouche qui a eu lieu entre une patrouille du camp de Cysoing et les hulans ; il en est résulté que nos gens ont fait prisonniers deux personnages qui ont été conduits dans les prisons de Lille. L'un d'eux, soupçonné d'espionnage, a obtenu sa liberté le même jour, mais l'autre a été conduit dans une voiture fermée à un cachot des prisons de la citadelle. On dit que c'est un émigré de Lille qui conduisoit les hulans sur notre territoire et qui indiquoit à ses bourreaux les victimes qu'il vouloit sacrifier à son cruel ressentiment.

. .
.

Un courrier, couvert de lauriers, arrivé hier vers le soir, de la part de M. le maréchal *Luckner*, a apporté l'heureuse nouvelle que l'armée de la Liberté est arrivée devant Menin, entre 10 et 11 heures du matin. L'ennemi, à son approche, a évacué la ville, sans coup férir, et son entrée dans cette ville a été un triomphe pour la liberté. Les drapeaux tricolores ont été arborés et la cocarde nationale françoise a aussitôt brillé sur tous les chapeaux, et sur le sein gauche des femmes. Les cris de *Vive la liberté, Vive la nation françoise* ont retenti de toutes parts. Nous avons été reçus et accueillis très fraternellement ; nos procédés de fraternité, qui répondent à cet accueil, nous ont gagné tous les cœurs. M. le maréchal *Luckner* a déclaré aux magistrats qu'il ne venoit point faire la guerre au peuple, mais seulement au despotisme et aux tyrans qui cherchoient à troubler l'union et la paix d'un peuple libre. Une partie de l'armée entrée s'est rangée en bataillon quarré sur la place, s'est emparée des postes, et les portes de la ville ont été fermées. M. le maréchal ayant donné ses ordres pour la sûreté de la place et la tranquillité des bons citoyens a détaché une colonne de son armée pour marcher vers Courtray. On ne doute pas que cette ville intéressante, qui fourmille d'excellens patriotes, n'ouvre ses portes avec joye à une armée de frères qui vient secouer leur joug. Wervicq, Comines-Nord, Poperinghe, Ypres, Pont-Rouge, etc., sont au pouvoir des François, et partout l'armée a été bien accueillie.

On dit que les patriotes brabançons, dont le nombre est déjà considérable, iront prendre garnison dans ces places que l'armée françoise leur a conquises.

De Lille, le 18 juin 1792.

Le 18 matin, l'armée du camp d'Annappes ou de Cysoing, se mit en mouvement en même tems que celle campée au fauxbourg de La Magdeleine. Ces deux corps se réunissoient sur les bords de la Lys, pendant que celui sous les ordres de M. *Carles* s'avançoit vers Ypres. A Wervicq, le pont-levis étoit levé, il falloit passer en nombre cette rivière à la nage pour aller le baisser. Des patriotes brabançons qui faisoient partie de l'avant-garde, se chargèrent volontairement de cette expédition, s'y précipitèrent, et bientôt l'armée s'avança sur terres ennemies ; M. *Luckner* n'ayant pas besoin d'un si grand nombre d'hommes pour aller attaquer Menin, la fit camper dans la plaine et sur les bords de cette rivière. Ayant donné ses ordres aux généraux, il commanda une avant-garde, se mit à sa tête et marcha vers cette ville. Cinquante chasseurs autrichiens gardoient cette place : ils se mirent en posture d'en défendre l'entrée, firent une décharge sur nos gens, tuèrent un grenadier du régiment ci-devant de la Couronne. Sur le champ, les François ripostèrent, et 10 ou 12 Autrichiens tombèrent morts ; on fit six prisonniers et les autres prirent la fuite. Ce fut dans ce moment que les patriotes brabançons, sous les yeux même de M. le maréchal, se couvrirent de gloire et méritèrent justement les éloges les plus flatteurs du *Nestor* françois. Ils se mirent à poursuivre les fuyards dans les bleds, où ils en hachèrent 7 ou 8. Dans ce moment, M. le maréchal sentit renaître en lui toute la vigueur de sa jeunesse. En voyant tant de bravoure, il oublia son rang et combien ses jours sont précieux à la France, en les exposant au plus grand danger. Comme nous l'avons dit hier, M. le maréchal s'achemina ensuite vers Courtray. La garnison de cette place semble avoir fait quelque résistance ; mais il est vraisemblable que les François s'en rendront maîtres aujourd'hui, si toutefois ils ne l'ont pas réduite hier ; car un hussard arrivé ici dans l'après-midi, a dit qu'au moment où il a été expédié, l'avant-garde entroit dans cette place. M. le maréchal *Luckner* sachant que les Autrichiens ont un camp de 8 à 10000 hommes au-dessus de Tournay a laissé sous les ordres de M. *Labourdonnais*, lieutenant-général qui commande dans l'arrondissement, une forte garnison à Lille, sans compter sur notre nombreuse garde nationale. L'arbre de la liberté doit être planté aujourd'hui à Menin, Wervicq, etc. Celui que les hulans ont abattu il y a quelques jours, à Halluin, sera redressé solennellement par les Brabançons. C'est une espèce d'amende honorable qu'ils veulent faire à la liberté, qui a été flétrie par les esclaves du despotisme. Ne trouvant pas de cocardes nationales dans le pays, la tyrannie ayant proscrit les couleurs, on est venu en acheter à Lille.

Voici un trait que nous ne pouvons nous dispenser de raconter parce qu'il est de bonne augure pour remettre nos assignats au pair : un homme des environs de Comines-Nord vint hier à notre bureau, le visage rayonnant de joie. *Nous pouvons lire,* dit-il en entrant, *votre feuille de Flandre sans danger, je viens m'abonner.* Il donne un double louis pour payer cet abonnement. Il étoit tout naturel de lui rendre le surplus en argent ; il nous regarde avec étonnement et nous dit avec un sérieux qui annonçoit la surprise : *Monsieur, nous sommes François actuellement, pourquoi ne me donnez-vous pas des assignats ? — Les assignats perdent,* lui avons-nous répondu, *nous ne vous rendrons pas du papier contre de l'or sans supporter de perte. — Non, Monsieur,* dit-il, *depuis hier nous ne voyons que ça chez nous et ils ne perdent rien, donnez-moi des assignats, nous sommes François.... Nous sommes bons François....* Nous avouerons ici que ce trait naïf, qui est une excellente leçon pour les agioteurs, nous a fait verser des larmes délicieuses de joie.

———

De Lille, 19 juin 1792.

Bulletin reçu au moment où nous allons à la presse.

M. le maréchal *Luckner* s'empara de Courtray hier soir à neuf heures. L'attaque dura trois heures. Les

Autrichiens avoient quelques pièces de canon, plusieurs chevaux d'artillerie et on en a trouvé trois de morts. La nuit a facilité leur retraite et a empêché qu'on leur fit beaucoup de prisonniers. Nous avons eu un homme tué, et douze blessés. Nos troupes ont montré bonne contenance et beaucoup de courage, elles ont été parfaitement accueillies par les habitans.

———

De Lille, le 21 juin 1792.

Hier vers les six heures du soir, des officiers municipaux et différens autres citoyens de Roubaix (bourg riche et peuplé de fabricans et d'ouvriers) et lieux circonvoisins, ont accouru tout éplorés à Lille pour venir chercher le secours de la force armée contre des brigands autrichiens qui mettoient tout à feu, à sang et au pillage, dans ce canton. Ce sont ces scélérats au nombre de 1000 à 1200 qui ont été chassés de Courtray par l'armée aux ordres de M. *Luckner*. Ces assassins, au lieu d'aller rejoindre, se sont cachés vraisemblablement dans les bois ou dans les bleds, d'où ils ne sortent que pour exercer des brigandages inouïs, et porter la désolation chez les citoyens paisibles et sans défense.

On a aussitôt battu la générale, une grande partie de la garde nationale et les troupes de ligne de la garnison ont pris les armes, et vers neuf heures, au moins 800 gardes nationaux et les 3 régimens suisses sont partis malgré le mauvais tems, suivis et précédés d'une artillerie respectable. On est aussi allé chercher du secours auprès de M. *Luckner*, et sans doute ces assassins ne tarderont pas à être combattus et punis comme meurtriers. Au moment où nous allons à la presse, nous n'avons reçu aucuns détails sur les suites de cette malheureuse affaire. Demain nous serons mieux instruits.

De Lille, 22 juin 1792.

Hier, le 6ᵐᵉ régiment de cavalerie, ci-devant du Roi, est arrivé à Lille ; aujourd'hui, on y attend un bataillon de gardes nationales soldées. Ces troupes sont destinées à grossir l'armée de M. *Luckner*. L'affaire de Roubaix, dont nous avons parlé dans le bulletin d'hier, avoit d'abord été vue avec un microscope par ceux qui étoient venus réclamer la force armée. Le fait est que 150 à 200 tyroliens et hulans, conduits par des émigrés qui connoissent le pays et les patriotes qui l'habitent, se sont avancés sur Wervicq, Leers et les lieux circonvoisins, y ont commis un ou deux assassinats et des pillages suivant leur barbare usage. Les gardes nationales des environs de Lille, au premier signal de l'alarme, ont pris les armes pour repousser ces brigands et ont énergiquement prouvé que *la faïence bleue ne craint pas le feu* [1]. La garde nationale de Lille et les détachemens des troupes de ligne de toutes armes, dont on étoit venu requérir le secours, partis avant-hier à 9 heures du soir, précédés et suivis de canons, sont arrivés vers minuit près Roubaix, où malgré une pluie abondante, ils sont restés en rase campagne. Cent hommes de bonne volonté ont été détachés de cette petite armée ; commandés par l'officier commandant du détachement du 24ᵐᵉ régiment, ci-devant

---

[1] C'est une allusion à l'uniforme bleu des gardes nationaux.

Brie ; ils ont été à la chasse des brigands, du côté où ils portoient l'effroi. De retour de cette expédition qui n'a éprouvé aucun évènement fâcheux, quoiqu'on se soit avancé très avant sur le territoire ennemi, la troupe restée sur pied, est entrée dans Roubaix où elle a été accueillie et fêtée avec tout le patriotisme et la reconnoissance que pouvoit inspirer son généreux dévouement Hier à midi, un bruit sourd de mousqueterie, que l'on croyoit entendre du côté de Watrelos, fut le sujet d'une nouvelle alarme. Le tocsin sonna et l'on battit la générale. Nos gens, dispersés chez tous les habitans de Roubaix, se trouvèrent à l'instant sous les armes au rendez-vous convenu. Un nouveau détachement marcha encore à la découverte, mais il ne fut pas plus heureux que pendant la nuit. Il ne vit personne.

Hier soir, sur les 6 heures, tout le monde est rentré dans ses foyers ; la garde nationale a été complimentée par les chefs, sur la bonne conduite qu'elle a tenue dans cette expédition. Les gardes nationales de Roubaix, Mouveaux, etc..., qui étoient volés au secours des habitans de Watrelos, de Leers et lieux circonvoisins, avoient déjà donné la chasse à l'ennemi et en avoient tué plusieurs; M. *Florin,* fabricant de Roubaix, ayant vu un tyrolien dans les bleds qui ajustoit un homme, lui lâcha son coup et l'étendit roide mort. Ce coup heureux a épargné beaucoup de sang, car les brigands étoient en grand nombre, mais poursuivis, ils ont pris la fuite. Nous avons eu 3 blessés dont 2 sont morts de leurs blessures.

De Lille, 29 juin 1792.

On dit qu'il va y avoir ici sur la plaine de Marcq-en-Barœuil, un nouveau camp, et que les troupes qui le composeront commenceront à arriver aujourd'hui ; il est certain, du moins, que les paysans ont reçu l'ordre de faucher les *avétures*, pour les sauver d'une perte réelle qu'occasionneroit cet établissement. Des patrouilles de l'ennemi continuent de s'avancer sur le territoire frontière et d'y voler le paysan sans défense.

———

De Lille, 30 juin 1792.

Les patrouilles de notre garnison qui partent toutes les nuits pour aller à la chasse de l'ennemi, qui vient sans cesse porter la désolation chez le paisible habitant de la frontière, ont rencontré avant-hier matin un de ses détachemens. C'est le meûnier de Camphin qui annonçoit à ces brigands, qui se cachent dans les bleds, l'arrivée des François par le moyen de son moulin qu'il faisoit tourner à leur approche. Nos gens les ont poursuivis avec vigueur, ils en ont blessé plusieurs et nous en avons eu trois de notre côté, tirés de dedans les bleds et de derrière les hayes. Le meûnier-espion a été blessé d'un coup de feu. Hier ils sont revenus à la charge ; à Baisieux, un hulan a été tué par un paysan.

Hier au soir, M. le maréchal *Luckner* a fait lever le camp sous Menin ; ce matin à 5 heures, l'armée est arrivée au fauxbourg de la Magdeleine où elle s'est de nouveau établie dans la plaine qu'elle occupoit il y a quinze jours. Le secret et la prudence, étant les fidèles compagnes des démarches de M. le maréchal, on ne peut faire de conjectures sur son nouvel établissement à Lille.

———

De Lille, 2 juillet 1792.

Les Autrichiens ont repris possession de Menin, Ypres, Courtray, etc..., où ils traitent les habitans à peu près comme si ces villes eussent été prises d'assaut ; ils font des incursions sur nos frontières, y massacrent, pillent et volent. Halluin, Roncq et villages circonvoisins sont absolument déserts et les habitans en fuyant ont emporté ce qu'ils ont pu d'effets. Du côté de Baisieux, Camphin, Leers, etc..., ils sont venus arracher l'arbre de la liberté et y commettre d'autres vexations. Enfin, la générosité et la bravoure de cet ennemi, qui l'est aussi de l'humanité et du droit des gens, le conduisent partout où il sait ne trouver aucune résistance au succès de ses atroces brigandages.

De Lille, 5 juillet 1792.

On a conduit, il y a trois jours, dans les prisons de Lille, un paysan. Des hussards, en patrouille sur les frontières, s'étant laissés entrainer par trop d'ardeur en donnant la chasse à des hulans, s'étoient égarés dans la campagne, ils font la rencontre de ce paysan, le prient de les guider pour rejoindre le gros de leur détachement qui étoit à Camphin. Ce malheureux, du village même, qui devoit bien connoitre les bornes de la frontière, les conduisoit droit à l'ennemi. Ils étoient déjà sur leur territoire, lorsqu'ils rencontrèrent un particulier à qui ils demandent s'ils étoient encore éloignés du lieu où ils vouloient aller. Cet homme de bien leur observe qu'ils y tournoient le dos, et qu'ils étoient sur terre autrichienne. Se voyant prêts à être livrés par ce scélérat, ils le serrent de près en rebroussant chemin. Ils voient, après avoir tourné bride, deux moulins se mettre en mouvement, et bientôt après des hulans à leur poursuite; ayant gagné de vitesse, ils n'ont essuyé que quelques coups de carabines qui heureusement ne les ont pas atteints. Ils ont remis leur proie à de braves Belges qui ont conduit ce scélérat dans les prisons de Lille. Le peuple vouloit mettre en pièces ce monstre, mais ses conducteurs l'ont défendu contre sa juste fureur, et la loi prononcera sans doute sur son sort. Il est seulement à regretter qu'elle soit si lente à punir des crimes de cette nature, qu'un prompt exemple empêcheroit à l'avenir.

Il arrive continuellement des déserteurs autrichiens ; nos patrouilles, qui sortent toutes les nuits pour parcourir la frontière et s'opposer au brigandage de l'ennemi, amènent aussi, de temps à autre, quelques prisonniers.

De Lille, 7 juillet 1792

Mardi dernier, un corps de tyroliens et de hulans s'est porté sur Wervick-Sud. Conduit par un scélérat du lieu, mais de la domination autrichienne, il est venu abattre l'arbre de la liberté. Ne voyant se préparer aucune résistance, M. le maire ayant licencié la garde nationale du lieu le dimanche précédent, ils se livrèrent au pillage et à la dévastation ; la maison du maire même ne fut pas épargnée. Ce malheur lui a fait trouver grâce auprès de ses concitoyens, car il étoit fort soupçonné de quelque intelligence avec l'ennemi, puisque, à point nommé, il avoit autorisé la garde nationale d'abandonner son service. Les Wervickois, alarmés sont accourus chercher les secours de la force armée à Comines, à Quesnoy et à Wambrechies. De tous les côtés on est accouru à leur secours, et, suivant son usage, l'ennemi a pris la fuite, emportant avec lui le butin de son pillage. Camphin, Leers, Baisieux, enfin tous les lieux de l'extrême frontière sont exposés aux incursions journalières de ces brigands. Ils enlèvent particulièrement l'argent, le linge, les croix d'or que les femmes portent au col et les boucles d'argent des souliers, s'ils n'en trouvent pas sous la main, ils forcent, le pistolet sur la gorge, à dire où il y en a. On pense que le linge leur sert pour le pansement de leurs blessés qui sont en très grand nombre.

Le 29 juin dernier, vers midi, un détachement de 60 hommes des troupes belgiques, commandé par le lieutenant colonel *Lennekens*, commandant desdites troupes, accompagné de M. E. *Vandesteen*, tous deux membres du comité général révolutionnaire des Belges et Liégeois unis, sont partis de la ci-devant abbaye de Loos et sont entrés vers les huit heures du soir à Warneton, ville et chatellenie autrichienne, pour s'emparer des liqueurs, ainsi que de l'argent provenant de la genévrerie royale, appartenant au ci-devant gouvernement autrichien, où ils ont passé la nuit. Vers 8 heures du matin, un courrier est venu annoncer que l'armée de M. *Luckner* s'étoit retirée de Courtray à Menin, et que l'ennemi vouloit leur couper la retraite; le commandant, à cette nouvelle, et ayant déjà aperçu lui-même de la cavalerie autrichienne qui voltigeoit à l'entour de l'endroit, résolut de se défendre jusqu'à la dernière extrémité, plutôt que d'abandonner sa prise; sa prudence et le sang-froid qu'il montra dans ce moment périlleux, avec son peu de monde, furent cause qu'il échappa aux poursuites de l'ennemi, et qu'il conduisit à l'abbaye de Loos 16 chariots de 37 pipes de genièvre et quelqu'argent.

De Comines France, le 7 juillet 1792, à 5 heures du matin.

A l'auteur de la Gazette du département du Nord.

Vous avez paru prendre, monsieur, un intérêt si fraternel à la situation de mes chers paroissiens, et des habitans des lieux voisins de notre petite ville, en but comme nous à la scélératesse des brigands armés, en garnison à Menin, que je ne veux négliger aucun moyen de vous prouver combien ma sollicitude est reconnoissante de la vôtre Je vous ai dit hier, ce qui s'étoit passé d'affligeant à Wervick-France depuis mardi dernier : je vous ai rendu compte des causes malheureusement trop vraisemblables du pillage de ses habitans; et je vous ai peint la consternation du cultivateur paisible, en voyant la manière toute perfide avec laquelle on recevoit leurs plaintes et leurs justes réclamations à Menin. Cet état de choses n'a point changé : hier, au moment même où j'avois l'honneur de vous communiquer quelques détails des évènemens des jours précédens, un détachement de chasseurs, de soldats des *Quinze-Reliques* [1] et autres, se sont présentés à Wervick-France ; leurs procédés de la veille et des jours précédens suffisoient pour autoriser les plus justes défiances ; on se hâte donc de lever le pont-levis, et on s'y est pris assez à tems pour en être maîtres, mais on a voulu encore se fortifier au cas où ils parviendroient à briser les chaines, et on se mit au travail pour dresser une palissade. A peine avait-on placé les premiers pieux que, de dessus les toits et les murs des maisons de Wervicq-Nord, on a tiré lâchement sur les

---

[1] Le correspondant de la *Gazette* veut dire *Kaiserlich* ou *Impériaux*.

travailleurs qui, observez-le bien, étoient sans armes. De cette première décharge, une femme est atteinte et tombe roide morte, à la porte de son cabaret. On crie au secours, on va requérir le peu de Belges qui étoient à Linselles, et les deux détachemens qui étoient à Comines, ils arrivent assez à tems pour défendre le pont ; il y eut une petite action dans laquelle les Belges ont eu un de leurs camarades blessé ; je sors de l'hôpital pour le confesser, mais il est si maltraité que je n'ai pu encore l'entendre. Les Autrichiens se sont retirés sur la fin de la journée. Voilà en attendant ce que je puis vous apprendre.

J'ai l'honneur d'être, M..., votre frère et ami,

Duvivier,
prêtre citoyen, desserviteur de la cure.

De Lille, 8 juillet 1792.

Hier il est arrivé ici une quinzaine de déserteurs autrichiens. Ils ont déclaré qu'il n'y avoit pas 3000 hommes dans Tournay, et qu'ils seroient bientôt suivis d'un grand nombre de leurs camarades. Une patrouille de braves Belges, sortie dans la nuit précédente pour aller à la chasse de l'ennemi, qui vient désoler nos paisibles cultivateurs de l'extrême frontière, est rentrée hier sur les 10 h. du matin, portant au bout des bayonnettes les dépouilles d'un officier de hulans, qu'ils ont tué, et le capitaine, parti à pied, est rentré à leur tête, monté sur son cheval tout harnaché. Un bataillon de garde nationale soldée est parti hier matin emmenant avec lui deux canons. Un détachement de 50 hommes, même troupe, est sorti par une autre porte pour le rejoindre, et pour, par cette manœuvre, envelopper l'ennemi s'ils le rencontrent. Le courrier porteur du décret de l'assemblée nationale, en faveur des incendiés de Courtray, a été fusillé par l'ennemi passant sous Menin, heureusement il n'a pas été atteint.

De Lille, 9 juillet 1792.

Les environs de Lille sont plus tranquilles, depuis que nos cultivateurs de l'extrême frontière sont armés et que de forts détachemens de notre garnison ont été à leur secours. L'usage de l'ennemi étant de se mettre cent contre dix ou bien de venir dans un village sans défense, il n'approche plus dès le moment qu'il sait trouver à qui parler. Nos patrouilles n'ont amené hier qu'un prisonnier ; des déserteurs, suivant l'usage, sont arrivés successivement dans la même journée, et, sitôt que l'occasion se présentera, disent-ils, de gagner nos frontières avec sûreté, des légions entières se proposent de franchir le pas.

De Lille, 10 juillet 1792.

Depuis que des détachemens nombreux de notre garnison se sont répandus sur l'extrême frontière, l'ennemi se garde bien d'en passer les bornes. A Wervicq, il se niche dans le clocher, qui domine les bords de la Lys ; de là il assassine indistinctement les passans. Un bataillon de Belges qui y est depuis quelques jours avec deux canons, se propose bien de les dénicher de ce repaire.

A l'auteur de la Gazette du département du Nord.

De Comines-France, le 10 juillet 1792, l'an 4ᵉ de la liberté.

Après les deux assassinats commis vendredi dernier à Wervicq par les brigands des *Quinze Reliques* [1], le premier sur la personne d'une pauvre cabaretière, le second sur la personne d'un brave défenseur des droits et de la liberté du peuple belge ; après la vigoureuse résistance qu'ont opposé à ces lâches scélérats, les détachemens de Comines et de Lincelles *(sic)*, on étoit, ce semble, autorisé à croire que la journée du samedi seroit marquée par quelque action ou quelque explication sérieuse. En effet le matin vers les 9 heures on apperçoit à l'extrémité de la grande rue de Comines-esclave, une cinquantaine de hussards ou hulans ayant à leur tête deux officiers dont un capitaine ; aussitôt la compagnie des volontaires d'un bataillon de la Sarthe, arrivé ici la nuit, se rallie, se range en bataille sur la place de Comines-libre, et se tient prête à tout évènement. Vous pensez bien la sensation qu'un spectacle si nouveau faisoit sur tout le peuple, déjà si facile à effrayer. Je sortois de l'église où je venois de dire ma messe, une foule de bonnes gens vient à moi me demander, comme s'est son ordinaire, si je croyois qu'on dût ne rien craindre : non, mes amis, non, nous ne devons pas être plus peureux que ces braves soldats qui sont à la veille de se battre pour nous. Voyez-vous qu'ils soient moins tranquilles, moins fermes qu'à l'ordinaire ? Nous sommes François comme eux, comme eux nous avons fait le serment de vivre libre

---

[1] Pour *Kaiserlich*.

ou de mourir ; allons, mes amis, quand votre curé qui doit s'attendre à être le premier la victime de la rage autrichienne, vous dit et vous prouve qu'il n'a pas peur, ayez tous son courage. Ils se rassurèrent un peu et me paroissoient dans de bonnes dispositions, lorsque l'on voit venir le bailli de Comines-Nord. Il étoit envoyé par les officiers hussards impériaux à l'effet de prier les officiers françois de se rendre à l'instant sur le pont qui partage les deux empires et de s'expliquer avec eux sur l'indiscipline et le brigandage des soldats, hulans, tyroliens, etc. J'ai été témoin de cette entrevue qui se passa dans le plus imposant silence et de la manière la plus honnête de part et d'autre ; elle dura près d'une demi-heure et je me suis assuré un instant après, de la bouche même du capitaine des volontaires qui y avoit le plus porté la parole, qu'on avoit lieu d'espérer que le bon ordre, que les propriétés, que les premières loix de l'honneur et de la justice alloient être respectées.

Effectivement depuis lors, tout est tranquille à Comines, à Wervicq et dans les environs ; mais tenons-nous toujours sur nos gardes, ventre affamé n'a point d'oreilles, dit le proverbe, et tout le monde sait la misère des troupes autrichiennes. Ce sont, ou des brigands, ou des fourbes, et lorsqu'ils font les plus belles promesses, c'est alors que je me rappelle ce beau vers que Virgile met dans la bouche du sage Laocoon :

« *Quidquid id est timeo danaos et BELLA ferentes* »

« Point de trêve ni de grâce, la guerre est déclarée aux oppresseurs du monde. »

Malgré la rigueur des circonstances, et les alertes fréquentes que nous avons eu la semaine dernière, on s'amuse encore bien, on rit, on chante à la ducasse de

Comines-libre, cette circonstance n'est pas indifférente, si les François sont encore gais et joyeux sur la brèche, que ne doit-on pas espérer de ceux de l'intérieur.

Je suis, etc.

DUVIVIER,
prêtre-citoyen, desservant la cure de Comines-France.

―――

De Lille, 12 juillet 1792.

Il paroit que le gouvernement autrichien a enfin mis ordre aux brigandages, si souvent répétés que ses agens venoient journellement commettre dans nos villages de l'extrême frontière. Nos nombreuses patrouilles rentrent aujourd'hui sans faire aucune rencontre de l'ennemi. L'accord qu'il est venu proposer à Wervicq à nos officiers de détachemens, dont M. le curé de Comines-France nous fait part dans sa lettre publiée dans le feuilleton de ce jour, est sans doute le résultat d'un ordre supérieur. Il faut donc espérer que la guerre se fera aujourd'hui en ennemi généreux, et que si l'on a désormais à gémir sur les maux dont ce fléau afflige l'humanité entière, que du moins le cultivateur paisible et sans défense ne sera plus assassiné inhumainement dans sa chaumière et dépouillé par un brigandage qui révoltoit toutes les nations policées.

Vingt-cinq hussards d'*Esterazy*, au service autrichien, dont le régiment est à Courtray, étant de patrouille sur la frontière, ont déserté la nuit passée. On dit que le capitaine qui étoit à leur tête est aussi rentré en France. Deux de ces hussards étoient arrivés à trois heures du matin au fauxbourg de la Magdeleine ; à porte ouvrante ils sont entrés en ville pour informer que leurs camarades étoient en France ; mais qu'étant en nombre, ils craignoient d'être rencontrés par des détachemens françois qui, ne connoissant pas leur dessein, pourroient les attaquer.

Des officiers belges sont aussitôt partis pour aller à leur découverte, et sans doute ils les ramèneront à Lille. Un des hussards, entré ce matin, a vendu son cheval 350 livres, l'autre veut le vendre plus cher encore. Ils ont arboré la cocarde nationale et ont attaché le ruban tricolore à leur boutonnière, avec un transport de joie qui ne peut se rendre, en déchirant et foulant aux pieds celle de l'esclavage. Outre ces hussards, il arrive tous les jours des compagnies de déserteurs à pied.

De Lille, 14 juillet 1792.

La paix règne dans nos campagnes, le cultivateur travaille tranquillement dans son champ, et les abondantes récoltes de colza et de foin sont très avancées. Nos patrouilles rentrent sans faire aucune rencontre fâcheuse. Si quelques patrouilles ennemies viennent se rafraîchir sur notre territoire, elles payent leurs dépenses, argent comptant. Fasse le ciel, au nom de l'humanité que les choses puissent rester à ce point si désiré.

De Lille, 16 juillet 1792.

La fête du 14 juillet chez les François, l'anniversaire de leur fédération, semble avoir chatouillé l'épiderme et excité la bile des Autrichiens. L'extrême frontière est de nouveau exposée à leur brigandage, malgré cette espèce de concordat qu'ils étoient venus solliciter il y a 8 jours, auquel on avoit adhéré d'autant plus volontiers qu'on avoit cru sincère leur promesse simulée de respecter les propriétés individuelles. Le François qui n'a point à se reprocher des atrocités indignes de lui, a consenti à des vues si conformes à l'humanité, son guide naturel, même dans le combat, où on le voit suspendre son fer sur la tête de l'ennemi sans défense ou qui tombe à ses pieds pour implorer miséricorde. A une heure la nuit du 14 au 15, l'ennemi au nombre de 2000 de toutes armes avec 6 pièces d'artillerie a cherché à surprendre Orchies, ville sans défense et qui n'avoit de garnison qu'un bataillon de la Somme, 60 hommes de Beaujolois, 25 dragons et 2 canons. M. *Dumaray*, commandant de ce poste, se voyant si inférieur en nombre s'est replié sur Saint-Amand, et dans sa retraite supérieurement dirigée, faisant un feu continuel de bilbote, a tué 25 Autrichiens, 50 ont été grièvement blessés, 5 chevaux ont été tués, dont 2 d'artillerie. Le nombre de morts que nous citons ci-dessus ont été comptés étendus sur la place, mais on le fait monter bien plus haut. Un officier, témoin oculaire, nous a dit avoir vu charger 13 voitures de ces malheureuses victimes du despotisme. En supposant 6 sur chaque, le nombre serait de 78. On a fait 13 prisonniers dans Orchies. Nous n'avons perdu que 4 hommes et nous avons très peu de blessés. A la nouvelle de cet événement M. *Duhoux*, lieutenant-général, est parti sur le champ pour cette ville attaquée et ne s'est fait accompagné que par 20 hommes à cheval ; 250 chasseurs belges, 300 volontaires nationaux des bataillons de l'Oise, de la Gironde et du Calvados, 104 hommes de Beaujolois et 20 hommes de cavalerie des garnisons de Lille, de Valenciennes et Saint-Amand, forment dans ce moment la garnison d'Orchies.

On a reconnu dans le nombre de ces 2000 hommes, plusieurs émigrés de Lille, entr'autres un des MM. *de Ste-Aldegonde*. On ne sait si l'ennemi a arrêté les courriers ; celui de Verdun, Valenciennes et route, qui doit être à Lille hier à porte ouvrante, n'étoit pas encore arrivé à 7 heures du soir. Comines nous offre une perfidie d'une autre espèce, digne de l'ennemi que nous combattons. C'est M. *Duvivier*, desservant la cure de cette ville qui nous l'écrit. Sa lettre est trop étendue pour pouvoir trouver place dans cette feuille, nous nous bornerons à exposer le fait en deux mots : le 13 vers 7 heures du matin, un capitaine accompagné de quelques autres officiers et suivi d'un détachement de hussards et de chasseurs, s'avance jusqu'à la palissade ; il demande à parler au maire et au commandant de la garde nationale ; le magistrat du peuple et l'officier arrivent escortés de 20 gardes nationales *(sic)*. « Ayez, lui dit l'Autrichien, en s'adressant au maire, ayez à nous ouvrir la porte de cette palissade, si vous voulez éviter le pillage, etc... » Le maire après lui avoir porté des paroles de paix, avec ce sang-froid qui convient à un magistrat, finit par lui dire d'un ton ferme que, s'il faisoit mine de forcer la porte, 600 hommes à ses ordres viendroient le recevoir. Le guerrier fanfaron ayant pour principe d'attaquer l'homme sans défense, de piller la chaumière du cultivateur et d'assassiner l'innocent sur son grabat, tourna bride à l'instant ; lui et sa bande s'enfuirent ventre à terre au récit d'une réception qui n'auroit pas manqué d'être très bruyante.

Il y a eu quelques maisons pillées à Orchies, entr'autres celle de M. *Lagache*, le même qui a déjà été pillé à Lille en 1789.

De Lille, 18 juillet 1792.

L'ennemi bien instruit de nos mouvemens ne paroit plus sur l'extrême frontière, depuis que de nombreuses patrouilles s'y portent journellement. Si ce service ne se ralentit point, nos cultivateurs seront rarement inquiétés par des horreurs dignes d'un peuple cannibale qui connoit si peu les loix de l'humaine nature. Nous avons reçu quelques nouveaux détails sur l'attaque d'Orchies et sur les brigandages commis dans cette ville, leur étendue nous force de les renvoyer à demain.

De Lille, 19 juillet 1792.

Il n'est plus douteux que les 2000 Autrichiens, qui sont venus dans la nuit du samedi au dimanche dernier, attaquer la ville d'Orchies, sans défense, ont été conduits et excités au carnage par quatre émigrés du pays. Il est également certain que le projet étoit, après avoir sauvé le butin, de mettre cette malheureuse ville à feu et à sang. Un officier supérieur autrichien accourut heureusement pour faire cesser les horreurs sans exemple qui s'y commettoient ; il fit sortir cette troupe de brigands, qui voloient et assassinoient des pères, des maris au milieu de leur famille, des enfans dans les bras de leurs parens, des domestiques fidèles qui venoient implorer miséricorde pour leurs maîtres ; cet officier enfin crioit après ceux qui dévalisoient des maisons : « *Ce n'est pas là votre mission, retirez-vous !* » Pendant que ces cannibales semoient le deuil dans les familles, d'autres exécutoient une fausse attaque à Maulde afin de diviser nos forces. Un tems des plus nébuleux empêchoit de reconnoître l'ennemi, ce ne fut qu'à l'aurore qu'on put distinguer foiblement, à travers le brouillard que le soleil naissant faisoit disparaître, ses dispositions. 400 hommes, qui étoient en détachement avec deux pièces de canon, dans cette trop infortunée ville, et sa garde nationale, se mirent bien en posture de défense ; le feu fut très vif de part et d'autre, on tira même quelques bordées à mitraille et nos gens, commandés par M. *Dumaray*, montrèrent une intrépidité sans exemple ; mais que pouvoit un si petit nombre d'hommes contre 2000 ennemis et 6 pièces de canon.

On avoit été chercher du secours à Maulde, comme l'endroit le moins éloigné ; mais toute la force qui y résidoit étoit occupée à la défense de ce poste important, qui étoit également attaqué. M. Dumaray, qui commandoit dans Orchies, en attendoit aussi de Douay et de Lille, où il avoit expédié des ordonnances, pour instruire les chefs de ces places de sa détresse, résista, avec le peu de monde sous ses ordres, pendant plus de trois heures ; mais, n'arrivant point, l'ennemi ayant pris le parti de tirer sur la ville et d'y lancer des bombes, il résolut de battre en retraite pour éviter les incendies et le carnage. L'ennemi voyant que la ville restoit sans défense, entra et traita les habitans comme s'il l'avoit prise d'assaut. Les émigrés qui étoient à la tête de ces brigands, indiquoient les victimes qu'ils avoient vouées à la vengeance de leur rage. Quatre personnes furent inhumainement assassinées. M. *Bitteur* fils, officier municipal, fut le premier martyr de son patriotisme. Un maître vitrier, M. *Lorgueur* vengea ce meurtre et se couvrit de gloire dans ce terrible désastre. La reconnoissance de ses concitoyens doit égaler sa belle action. Un officier autrichien chargé d'un butin immense qu'il venoit de faire dans différentes maisons, et qui se retiroit fut tué par lui ; il s'empara de différens vols dont ce noble scélérat étoit chargé et les mit en sûreté.

M. *Bournonville*, commandant le camp de Maulde, n'ayant pu envoyer de secours à M. *Dumaray*, expédia la réquisition de ce dernier à M. *Dumouriez*, commandant le camp de Famars ; il l'envoya aussi aux chefs des places de Douay, de Lille et de Valenciennes, 700 hommes partirent à l'instant de cette première ville ; plus de 400 chasseurs belges et différens détachemens des autres corps de la garnison partirent de Lille ; M. *Duhoux*, lieutenant-général s'y fit aussi accompagner par une vingtaine d'hommes à cheval ; M. *Dumouriez* fit lever une partie du camp de Famars et marcha à la tête de 11 bataillons et de 5 escadrons dans l'espoir d'envelopper l'ennemi ; mais l'officier supérieur autrichien dont nous parlions plus haut, avoit déjà fait évacuer la ville et à l'arrivée de tout ce monde l'ennemi étoit déjà sur son territoire. Il est bien certain que nous n'avons perdu que quatre volontaires du Calvados, et un soldat des troupes de ligne trouvé parmi les morts autrichiens. La perte de l'ennemi est au moins de 80 hommes de tués et il y en a peut-être plus de deux fois autant de blessés ; ce qu'il y a de certain, c'est qu'on a ramassé au moins 1200 casquettes hors de la porte de Tournay. L'objet de l'expédition des Autrichiens n'avoit peut-être pas pour but le sac d'Orchies ; ils avoient été informés du passage des bagages des Carabiniers, ils en vouloient particulièrement au trésor qui devoit passer la nuit dans Orchies : il a été sauvé du pillage par la prévoyance heureuse d'un de ses conducteurs qui voulut absolument le conduire hors d'Orchies.

De Lille, 19 juillet 1792.

Hier un détachement du 24me régiment a amené quatre particuliers arrêtés sur la frontière, armés de pistolets et qui se cachoient dans les bleds. On les soupçonnoit d'être des gens très suspects, émigrés et ayant des intentions perfides contre leur patrie ; mais le directoire du district en a jugé autrement, et pour les soustraire à la fureur populaire qui commençoit à s'enflammer, il les a fait évader par un endroit opposé où la foule s'attendoit à les voir passer. On dit qu'il y avoit deux chevaliers de St-Louis et deux ecclésiastiques. D'ailleurs rien de nouveau dans les camps ni sur la frontière, partout la tranquillité règne. Fasse le ciel que cet état de choses puisse subsister au moins jusqu'après la récolte!

De Lille, 20 juillet 1892.

Rien de nouveau, nos patrouilles vont et viennent sans faire de rencontre. Il y a peu de jours qu'il n'arrive des déserteurs autrichiens.

Errata. — Il s'est glissé deux erreurs dans notre bulletin de hier. M. *Duhoux* est maréchal de camp et non lieutenant-général. M. le commandant d'Orchies n'a point envoyé chercher des secours à Lille, éloigné de 5 lieues de cette ville, mais seulement à Douay et à Maulde qui n'en sont qu'à 3 lieues. Les 300 Belges étoient en route pour Orchies et Maulde lorsque M. *Duhoux*, maréchal de camp, les rejoignit. On a appris à Lille, l'affaire d'Orchies, en même tems que la retraite des Autrichiens.

Supplément extraordinaire à la Gazette officielle des Pays-Bas.

De Bruxelles, 24 juillet 1792.

Les jacobins ne se contentent pas de s'efforcer à étendre sur tout le globe, les malheurs dont ils couvrent la terre françoise, ils veulent encore faire passer les nations policées pour complices des erreurs et des forfaits dont cette secte abominable souille le nom françois : c'est dans cet esprit qu'un imposteur gagé de quelque club jacobite, a osé soutenir à l'Assemblée nationale que les Autrichiens avoient pillé huit maisons à Orchies, et avoient inhumainement massacré le maire, quelques officiers municipaux et autres citoyens de cette petite ville occupée, par escalade, pendant cinq heures par les troupes de l'empereur.

Nous dénions formellement cette odieuse inculpation mensongère à la face de toute l'Europe, de telles horreurs ne sont pratiquées que par les Jacobins. Si un maire, un officier municipal ou tout autre citoyen, a été victime de la prise d'Orchies, ce que nous ne croyons pas, ce ne peut avoir été que les armes à la main, et en ce cas ils auroient reçu les leçons de leur imprudence et d'un délit contre les loix de la guerre, en vertu desquelles on pend les rebelles échappés de la horde soit disant béthunienne, parce qu'on ne les reconnoit pas pour troupes réglées. Ce n'est que pour elles que sont faites les loix de ce triste code désormais nécessaire pour fixer des règles convenues entre des nations civilisées, dans la vue de diminuer la somme des maux que les armes attirent et ont attirés de tous tems sur l'espèce humaine.

Sur le rapport qui avoit été fait à M. le colonel baron

de Mylius, qu'environ 160 émigrés de la soi-disante armée brabançonne, étoient arrivés à Roncq, village françois sur la route de Lille à Menin, il s'y porta la nuit du 22 au 23 de ce mois, avec un détachement de 30 hussards et une compagnie de chasseurs. Ces rebelles prirent la fuite à la faveur des grains et l'on ne parvint qu'à en tuer quatre et à en faire sept prisonniers. Six de ceux-ci ont été sur le champ conduits au quartier général à Tournay, où ils subiront bientôt la peine due à leur forfait; quant au septième, reconnu pour un sujet de la conduite la plus exécrable, il sera probablement exécuté sur les lieux.

Sept soldats du régiment de Diesbach, désertés de la garnison de Lille, viennent d'annoncer l'arrivée prochaine de tout ce régiment, qui, à leur départ, ont-ils dit, avoit déjà arboré la cocarde blanche.

. . .

De Lille, 29 juillet 1792.

Ce n'est pas le rédacteur de la Gazette officielle des Pays-Bas, qu'il faut traiter d'imposteur, nous savons que le pauvre hère trouve ses bulletins tout fabriqués dans les bureaux du gouvernement. C'est par cette entrave de servitude que cette gazette ministérielle est, chaque ordinaire, remplie des riens, ou elle n'est tissue que de calomnies atroces, mensonges révoltans, ou, enfin de blasphèmes odieux. Vous déniez *formellement, mon cher confrère, à la face de toute l'Europe, les vols, les assassinats et toutes les horreurs commis dans la malheureuse ville d'Orchies par les scélérats satellites de votre gouvernement. Si ce déni est de vous personnellement, vous êtes l'homme le plus* méprisable que le soleil puisse éclairer, si vous avez été trompé, vous êtes à plaindre. Le cercle que parcourt votre gazette est trop borné pour que toute l'Europe puisse être instruite de votre prétendue justification, je prends moi-même la tâche de la colporter dans les deux mondes, afin de vouer l'astucieux rédacteur de votre bulletin, et ses censeurs à toute l'infamie que le mensonge le plus avéré inspire aux honnêtes gens. La ville d'Orchies n'a point été escaladée, elle n'a qu'un simple mur pour fortification, encore est-il ébréché en plusieurs endroits. Il n'y a point eu de maisons de pillées, mais 10 ou 12 ont été dévalisées, le pistolet et le sabre au poing. Un officier municipal et trois autres citoyens sans défense ont été assassinés dans leurs maisons, dans les bras de leurs femmes et au milieu de leur famille, pour avoir seulement montré de la répugnance à se laisser voler. Nous le tenons de M. LAGACHE, lui-même, qui a évité la mort en livrant sa maison à des brigands qui lui ont demandé avec 10 pistolets sur la gorge, ses assignats, son argent, son argenterie, ses montres, ses bijoux et son linge. Ils ne se bornoient pas, ces scélérats, à voler dans les maisons, ceux qu'ils rencontroient dans la rue étoient dévalisés également. Un officier même, chargé d'un butin considérable, a été tué par un maître vitrier. Tous ces faits, et mille autres plus atroces encore, sont authentiques : que toute l'Europe et les deux mondes disent s'ils sont dignes d'une nation policée. Demain nous donnerons l'énumération d'une partie des vols, relevée des procès-verbaux, commis chez les malheureux paysans de l'extrême frontière.

31 juillet 1792.

Partie de l'énumération des vols et pillages commis par les soldats autrichiens sur l'extrême frontière, relevée des procès-verbaux dressés par les municipalités respectives qui ont souffert de leurs brigandages. Que le gazettier de Bruxelles prône après cela officiellement la conduite et la probité des satellites du despotisme.

A Camphin-en-Pévèle. — Suivant le procès-verbal du 4 mai 1792, chez différens particuliers y dénommés, pour une somme de 6738 l. 16 s.

Pour autant que le sieur Lefebvre, maire de Camphin, enlevé par les Autrichiens, et détenu dans les Pays-Bas depuis le 30 avril jusqu'au 29 mai, réclame pour frais, sans préjudice de dédommagement à lui dû, et qu'il soumet à l'arbitrage de l'administration. . . . . . 336 l.

A Leers. — Suivant procès-verbal du 15 mai, il a été pris trois fusils, et le nommé Picavet a été forcé de donner aux soldats autrichiens douze bouteilles de vin dont neuf ont été emportées . . . . *Mémoire*.

Par autre procès-verbal du 11 juillet, il appert qu'il a été fait différens dégâts, tant dans la maison presbytériale que l'hôtel commun, qu'il a été volé six fusils et que les papiers du secrétariat ont été déchirés sur la place. . *Mémoire*.

Baisieux. — Suivant procès-verbal du 12 mai, les Autrichiens ont emporté tous les fusils servant à la garde nationale; ont été chez le sieur Choin, curé constitutionnel, y ont pillé et vendu les meubles, ont brisé le coffre appartenant à la communauté, dans lequel se trouvoit l'argent et les assignats provenans des revenus de l'église, ainsi qu'autres assignats, pour faire paiement au receveur du district de ce qu'on pouvoit être redevable. *Mémoire*.

Par autre procès-verbal, du 3 mai, les dégradations commises chez le curé, évaluées à une somme de . . 185 l.

La perte essuyée par ledit s. curé est portée à une somme de quatre mille cinquante livres, en ce non compris d'autres objets, dont la valeur n'a pu être déterminée. . . 4050 l.

Bachy. — Suivant procès-verbal du 11 mai, le sieur Deroubaix, maire de Bachy, pour . . . . 76 l. 10 s.

Mouchin. — Suivant procès-verbal du 23 mai, chez différens particuliers y dénommés . . . . 6377 l. 9 s.

Suivant autre procès-verbal du 30 juin, chez différens particuliers une somme de. . . . . . . 79 l. 10 s.

Turcoing. — Suivant procès-verbal du 22 juin, chez différens particuliers . . . . . . 1492 l. 17 s. 6 d.

Par autre procès-verbal, du 5 juillet, chez le sieur Prioux, receveur de la régie nationale des douanes, une somme de. . . . . 214 l.

Cisoing. — Suivant procès-verbal du 19 juin, à deux particuliers sur la route de Bercu à Mouchin, une somme de. . . . . 235 l.

TOTAL. . . 19.785 l. 2 s. 6 d.

De Lille, 21 juillet 1792.

Parmi nos détachemens sortis de la ville la nuit du 18 au 19, pour aller patrouiller sur l'extrême frontière, celui qui s'est porté du côté de Watrelos a fait la rencontre d'une nombreuse patrouille autrichienne et l'a battue. Un exprès est venu annoncer à Roubaix cet engagement de l'ennemi avec les nôtres ; le tocsin a sonné l'alarme et la générale a battu; le détachement de ligne qui se trouvoit dans ce bourg et la garde nationale se sont réunis à l'instant et se sont mis en marche à pas redoublés avec deux pièces de canon, pour voler au secours des nôtres. L'ennemi déjà battu, s'est hâté de prendre la fuite à l'arrivée de ce renfort et s'est jeté éparpillé dans les bleds. On a tué sept Autrichiens dont quatre ont été ramassés par les nôtres ; on a fait cinq prisonniers, d'autres disent trois, et il y a eu plusieurs blessés ; nous avons perdu un maréchal-des-logis, qui a été assassiné par un coup tiré de dedans les bleds ; un soldat du 25ᵉ régiment a eu un coup de sabre au bras, mais sa blessure n'est heureusement pas dangereuse, et un garde national a eu un coup de feu au genou.

De Lille, 22 juillet 1792.

On dit qu'hier, 21, Tournay a été travaillé par des mouvemens hostiles contre les émigrés et qu'on en a absolument purgé cette ville.

. .
.

Dans le moment, le détachement du 24ᵉ régiment qui est allé à la chasse de l'ennemi, rentre avec les dépouilles de quelques victimes du despotisme au bout de ses bayonnettes.

De Lille, le 23 juillet 1792.

Quelques patrouilles parties les jours précédens pour aller à la chasse de l'ennemi qui désole sans cesse, sur l'extrême frontière, nos malheureux cultivateurs sans défense, sont rentrées hier matin couvertes de gloire et portant en triomphe au bout de la bayonnette de leurs fusils

12 à 15 casquettes, autant de capottes et 3 carabines, dépouilles des hommes tués à la surprise d'un poste nombreux sur territoire autrichien, au dessus du village de Leers. Ce sont les braves volontaires soldés qui en ont commencé l'attaque. Ils se sont jetés dans le corps de garde ennemi comme des furies, y ont tué 3 hommes et ont emporté leurs armes. On étoit à se fusiller, lorsqu'une patrouille à cheval des nôtres est venue se mettre de la partie, deux autres patrouilles sont encore arrivées successivement. Cette réunion se faisoit au roulement bruyant des tambours. L'ennemi croyant avoir à ses trousses une armée au moins de 10000 hommes, a pris la fuite et s'est jeté à corps perdu dans les bleds. 12 à 15 hommes avant la déroute, étoient restés sur la place ; on en a très certainement tué encore dans les bleds, car on les a fusillés encore pendant longtemps. Le nombre des blessés est considérable, on en a vu emmener quatre chariots chargés. Nous avons eu un volontaire soldé de tué, deux soldats du 24me régiment de blessés, dont un grièvement. Nos quatre patrouilles réunies n'excédoient pas 150 hommes, tant volontaires, infanterie de ligne, que cavalerie et hussards. Elles évaluent le nombre d'hommes qu'elles ont combattus à 400 au moins. Nos cultivateurs en fauchant les bleds trouveront vraisemblablement beaucoup de ces victimes du despotisme dans leur champ. Craignant le grand jour, fuyant dans les endroits où elles peuvent assassiner sans être vues, il n'est pas douteux qu'un grand nombre y meurent de leurs blessures, faute de secours, sans compter ceux qui y sont tués roide. On a déjà trouvé des corps tout putréfiés, dont l'infecte exhalaison cadavreuse *(sic)* servoit de guide : entr'autres, dit-on, un officier, du côté de Watrelos.

De Lille, 24 juillet 1792.

Les troupes qui, au retour de la West-Flandre, ont pris la route de Dunkerque et autres villes du département de la marine, sous les ordres de M. *Carle*, lieutenant-général, commencent à revenir sur leurs pas pour se rendre à Valenciennes, Famars et Maulde. Hier, un bataillon des volontaires soldés de la Somme et le 3me régiment de dragons, sont arrivés tout joyeux de ce qu'on les conduit pour combattre l'ennemi. Ces deux corps sont partis ce matin pour aller coucher à Douay où ils auront séjour. On ne peut recevoir aucune nouvelle de Tournay, les portes en sont fermées depuis quelques jours. On dit que la fermentation est à son comble et que les émigrés sont l'objet de la haine de tout le monde. Ce qu'il y a de certain c'est que les vivres y sont aussi chers que si la ville étoit bloquée depuis plusieurs mois. On conjecture que hier il y a eu une affaire des plus meurtrières du côté de Valenciennes. Depuis 3 heures du matin on a entendu un bruit de canon continuel et les coups si rapprochés que l'on suppose un grand acharnement de part et d'autre. Nous ignorons si le courrier de Valenciennes est arrivé, mais contre l'ordinaire nous n'avons reçu aucune nouvelle de ce côté-là.

—

De Lille, 25 juillet 1792.

Nos patrouilles depuis quelques jours trouvent souvent l'occasion de se voir de près avec celles de l'ennemi, parce qu'elles vont les agacer sur leur territoire. Lorsque les

Autrichiens s'avancent sur le nôtre pour y commettre leurs familiers brigandages, c'est toujours dans les lieux où ils sont bien informés par des espions qu'il n'y a personne pour les repousser.

Lundi dernier, à 2 heures du matin, un fort piquet de hussards ennemis, servant d'avant-garde à un petit corps d'armée, au moins de 400 hommes, s'est avancé sur Roncq, ne répondant point au *qui vive* des sentinelles de la garde nationale et des chasseurs belges, le poste s'est mis sous les armes et a fait feu. Ne pouvant résister contre une force supérieure, nos gens se sont battus en retraite jusque dans le bourg. Deux gardes nationales ont été tués, cinq faits prisonniers, parmi lesquels deux chasseurs belges. L'ennemi s'est avancé sur quatre colonnes et par quatre chemins différens, dans le dessein de nous envelopper ; mais un petit nombre de hussards est accouru et a causé une espèce de déroute, ce qui a donné le tems à nos défenseurs à pied de gagner le large. L'ennemi s'est rallié et est entré dans le bourg où il a commis ses brigandages ordinaires. La maison de ville où étoit le corps de gardé des Brabançons a été pillée, ils ont emporté quelques fusils, un assez grand nombre de piques, des matelas, des couvertes, leurs tués et blessés. Ils ont abattu l'arbre de la liberté et sur les quatre heures ils se sont retirés. Un des Belges, fils d'un riche brasseur du territoire ennemi et déserteur d'un corps autrichien, a été exécuté deux heures après son arrivée à Menin et nos gardes nationaux ont été conduits sur Tournay. Il y a de fréquentes rencontres entre Leers et Lannoy. Les Autrichiens semblent désirer vouloir tirer vengeance de leur dernière défaite de ce côté.

De Comines-libre, 25 juillet 1792.

Je profite, Monsieur, de quelques instans de repos et de calme, pour vous donner quelques détails des événemens qui viennent de nous plonger encore une fois (depuis que notre armée s'est retirée, ou cesse d'agir), dans les plus vives inquiétudes ; et je m'acquitte avec d'autant plus de plaisir de cette tâche, que votre amitié réclame de moi, au nom de mon patriotisme, que je suis heureux pour n'avoir qu'à dire du bien et qu'à parler avec éloge de mes chers concitoyens.

Dans la nuit du dimanche au lundi, 23 du présent mois entre onze heures et minuit, tous les postes étoient gardés à l'ordinaire, moitié par notre garde nationale, moitié par les détachemens de cavalerie et de troupe de ligne, que nous avons obtenus de M. *Labourdonnais*. Nous dormions tous dans la plus parfaite sécurité, quand on entendit sur le pont en dehors de la palissade, un mouvement d'autant plus inquiétant que ceux qui sembloient s'avancer, gardoient le plus strict silence. La garde écoute, observe, et se dispose à crier : qui va là ! lorsque le bruit des chaînes avertit qu'on lève le pont. Ce pouvoit être une ruse afin d'attirer là notre monde, de nous faire ouvrir la palissade et de profiter de ce désordre pour nous attaquer d'un autre côté, et dans le même moment baisser le pont et fondre sur nous : du moins c'est ainsi que le capitaine Libert, qui fort à propos passoit par là en faisant sa ronde, eut la présence d'esprit d'interpréter la chose. Et, comme il est charpentier de son métier, sans délibérer, il engage la sentinelle à faire semblant de rien jusqu'à ce qu'il ait eu le tems d'aller chercher la plus haute comme la plus forte de ses échelles et de la placer si bien en dessous du pont levis, qu'il lui soit dès lors impossible de s'abattre. Cette mesure lui réussit on ne peut mieux; l'échelle fut placée et de suite arrêtée avec des crampons de fer. Après quoi il s'en fut avertir le corps de garde de ce qui venoit d'arriver, et fit part à ceux qui s'y trouvoient des conjectures qu'il avoit faites; je les ai rapportées plus haut. On les trouva fondées; mais avant de prendre le parti de battre la générale, on crut à propos d'aller en prévenir M. le maire. On va chez lui, il réfléchit, il médite et puis se détermine à consulter au préalable le corps municipal. Il est convoqué à l'instant et en moins de 3 minutes la municipalité est à son poste : elle arrête que tous les capitaines convoqueront sur le champ et avec le moins de bruit possible, leurs compagnies. Aussitôt dit, aussitôt exécuté. C'est à qui se rendra le premier au poste du péril et de l'honneur. Les patrouilles se partagent et vont en observation. Toutes les issues de la ville sont gardées et sur la place on établit une petite réserve. Je ne puis assez vous exprimer, Monsieur, les sentimens d'admiration et le plaisir que j'éprouvois à la vue d'un spectacle si beau.

Liberté ! de quel enthousiasme je me sentois exalté, en voyant les nouvelles que ton nom seul opéroit : amour de la patrie ! de combien de délices ton feu sacré pénétroit mon âme. Jamais, non jamais, je n'ai si bien senti le bonheur de se dévouer pour son pays. On resta dans cette situation jusqu'au retour du jour; les patrouilles qui revenoient et se croisoient de toutes parts, se confirmant les unes aux autres que l'ennemi s'étoit retiré.

La journée du lundi qui fut d'ailleurs assez tranquille, n'eut rien de remarquable que la fanfaronnade d'une vingtaine de hulans qui se montrèrent derrière le pont-levis, comme pour avoir l'air de nous narguer ; car le capitaine du détachement de Bric n'eut pas plutôt *(sic)* fait mine de se montrer avec quelques soldats, qu'ils évacuèrent Comines-esclave.

Cependant vers le soir, M. le bailly, accompagné des échevins, fit demander à M. notre maire, un pourparler sur une des écluses, relativement aux mesures à prendre, pour éloigner, disoit-il, la petite garnison que nous avions à Comines-libre, prétendant que, puisque les impériaux n'occupoient pas la partie autrichienne de Comines nous ne devions pas les inquiéter, en conservant chez nous les détachemens qui s'y trouvent. La conversation fut très animée sur la fin, et je dois dire à la louange de M. le maire qu'il parla avec toute la dignité qu'on devoit attendre d'un homme qui représente une section d'un peuple libre. Aussi a-t-il eu la satisfaction de recevoir les témoignages de la reconnaissance de ses concitoyens ; il fut reconduit chez lui au milieu des plus vifs applaudissemens.

La soirée se passa assez gaiement, on s'amusa même à creuser, dans certaines issues autour de la ville, de profondes tranchées pour arrêter, au moins pour quelques instants, la marche des ennemis, s'il arrivoit qu'ils vinssent nous surprendre. Mais c'étoit plutôt une précaution et un moyen d'exercer le courage de nos braves citoyens, qu'une mesure devenue nécessaire. On se retira chacun chez soi comme à l'ordinaire et on se crut encore une fois en sûreté, lorsque, vers une heure de mardi, on fut réveillé par un incident qui dans le principe, étoit véritablement fait pour effrayer, mais qui heureusement se termina encore sans coup férir, et de la manière la plus honorable pour les citoyens de toutes les classes. La sentinelle, à cheval, placée aux dernières extrémités, au dehors de la ville, entend à une distance peu éloignée comme une patrouille de gens à cheval : elle crie qui vive, et après avoir fait les trois sommations sans réponse, elle lâche son coup de fusil et vient se replier sur la ville, espérant qu'elle attireroit par là l'ennemi. Au bruit de ce coup de feu, tout le monde se rassemble au corps de garde, on envoie un nouveau piquet à la découverte, il entend toujours des pas de cheval et sans pouvoir bien distinguer d'où vient le bruit, il fait une seconde décharge mais toujours inutilement. Notre patrouille s'avance, écoute à son tour, et, à tout hasard se porte vers le lieu où on soupçonnoit l'ennemi, et, croyant l'y entendre, se met en joue et fait feu. Il n'en fallut pas davantage pour motiver alors la frayeur des bonnes gens. On crut que Comines étoit investi, les femmes se désolent, se croyent perdues, crient miséricorde, jettent l'épouvante, et plusieurs par instinct, se jettent dans la campagne ; les hommes au contraire ne pensent qu'à se défendre. On sonne le tocsin, on bat la générale, je me lève un des premiers, je vais partout où je vois que la frayeur est plus forte et ce n'est pas sans peine que je parviens à persuader que le danger n'est pas si grand qu'on le pense. Ce que je faisois comme bon citoyen d'un côté, les officiers municipaux venoient le faire par intervalle d'un autre. Vraiment il étoit beau de voir le zèle qu'ils mettoient à rétablir le calme. Une heure à peu près se passa dans cette pénible occupation. Les patrouilles qui étoient allé battre la plaine ne purent jamais rencontrer personne. On assure en effet que les chevaux que l'on entendit étoient montés par des aristocrates-fermiers des environs de Comines qui voulurent ainsi s'amuser aux dépens des patriotes. Nous en fûmes donc quittes pour une alerte, chacun se retira chez soi avec le jour et depuis lors nous sommes sur nos gardes et on espère découvrir les auteurs de cette odieuse supercherie. Quoiqu'il en soit, ces événemens ne laissent pas de nous aguerrir, de nous accoutumer au danger et d'exercer le courage des bons patriotes. Il n'y a que pour les femmes et les enfans, que l'on ne puisse se défendre d'appréhender. Ce sexe foible et timide n'est pas fait pour le tumulte des guerres, il faudroit pouvoir le déterminer à se retirer, dans une ville fermée, encore ne s'y croiroit-il pas en sûreté. Ce qui m'a le plus frappé au milieu de tout ceci, c'est le silence, la discipline et la bravoure dont ont fait preuve les troupes de ligne. C'est le généreux dévouement de nos braves concitoyens, même de ceux de la campagne, qui sont accourus, armés de fourches, faute de fusils, au secours de la ville. C'est la prudence et la vigilance de nos magistrats, et, pour ne rien dissimuler, c'est le courage dont je me suis senti moi-même animé. Encore deux ou trois alertes pareilles, et j'espère avoir l'intrépidité d'un guerrier. Je suis citoyen avant d'être prêtre, pourquoi craindrais-je de faire pour mes concitoyens, ce qu'ils font tous les jours pour moi. Braves Cominois, il faut que votre curé soit digne de vous sous tous les rapports.

Je suis, etc...

DUVIVIER,
prêtre constitutionnel desservant la cure de Comines-libre.

De Lille, 30 juillet 1792.

Hier il est arrivé sept déserteurs dont trois hulans et quatre casquettes. Ils ont aussitôt pris parti dans le corps des chasseurs belges. Samedi matin, une de nos patrouilles belges qui rôdoit dans les environs de Watrelos, a été surprise par une fusillade d'Autrichiens, cachés dans les bleds. Ces assassins nous ont tué deux hommes. Les chasseurs belges ont riposté avec beaucoup de vivacité et ont tué l'officier commandant cette horde de brigands. N'ayant pu exercer ce matin leur brigandage d'usage dans ce canton, ils y sont revenus l'après-midi sans oser pourtant franchir les limites. Ils ont été voler deux censes sur le territoire autrichien. Dans l'une ils ont forcé une vieille veuve de leur donner tout son vaillant d'argent qui étoit de deux couronnes et demie, puis ils sont entrés dans sa chambre, ont brisé son coffre et ont emporté ses meilleures hardes. Dans l'autre ils ont emporté les jupes d'une jeune femme, quelque argent, et ont été vendre ces nippes dans le village voisin au père même de cette femme, pour deux florins.

Un paysan occupé à faucher son champ, ces jours derniers du côté d'Orchies, a trouvé quatre Autrichiens morts, se tenant ensemble, comme s'ils se fussent réunis pour se secourir mutuellement. Il faut que ces infortunés soient morts de leurs blessures dans les angoisses des douleurs.

De Lille, 1er août 1792.

Dimanche, les chasseurs belges ont encore eu l'occasion de se mesurer avec les Autrichiens dans les environs de Watrelos, Leers et Lannoy. Dans l'affaire de dimanche, les Autrichiens ont perdu sept hommes, du moins nos gens le croient ainsi. Ils ont attaqué une patrouille de dix casquettes qui s'est jetée dans un petit champ de bled. Ils les ont fusillé long-tems dans cette retraite et ils n'en ont vu sortir que trois, fuyans à l'autre extrémité du champ, il y a eu deux chasseurs belges de blessés. L'affaire de lundi s'est passée du côté de Lannoy. Quatre Autrichiens ont mordu la poussière, quatre Belges et l'officier qui les commandoit ont été blessés, dont deux assez dangereusement. Le nombre de déserteurs arrivés hier ici est considérable. On auroit dit qu'ils venoient en pèlerinage à l'hôtel de ville. Interrogés sur les dispositions de l'ennemi à notre égard, ils ont répondu qu'ils ne les connaissoient pas, mais que pour des déserteurs on pouvoit en attendre, que tous ceux de leurs camarades qui en trouveroient l'occasion ne manqueront pas leur coup. Interrogés s'il étoit vrai qu'on étoit dans l'intention d'établir un camp du côté de Menin, ils ont répondu que, si cela étoit, on pouvoit établir des bureaux dans la plaine pour enregistrer les déserteurs.

N.-B. — Notre facteur, qui parcourt le canton de Wervicq, Comines, etc., nous rapporte qu'une affaire s'est engagée vers les onze heures de la nuit du 29 au 30, et que l'on entendoit encore le bruit des fusillades hier à dix heures du matin.

De Lille, 2 août 1792.

Wattrelos, Leers, Lannoy, sont absolument le siège de petites escarmouches et l'avantage est toujours de notre côté. Les Autrichiens avoient fait prisonnier un capitaine de chasseurs belges et l'emmenoient vers Tournay. Son détachement qui n'étoit que de 30 hommes environ a été se placer en embuscade et est tombé la bayonnette au bout du fusil sur ses conducteurs, trois fois le double en nombre, en a fait un grand carnage et a sauvé son chef qui a été blessé au bras. Les déserteurs qui franchissent les limites tracées entre le despotisme et la liberté sont toujours nombreux. Hier soir, portes fermantes, un dragon de la plus grande taille de l'armée autrichienne, est arrivé ici et a aussitôt pris parti parmi les chasseurs belges.

Adresse du Conseil général de la commune de Lille à ses concitoyens.

Du 2 août 1792.

Citoyens, *la patrie est en danger*, mais la liberté ne l'est pas. Quiconque porte gravé dans son cœur le serment de *vivre libre ou de mourir* n'éprouvera jamais le danger de perdre ce bien inestimable ; il saura mourir libre, les armes à la main, avant de consentir à reprendre les fers du despotisme.

C'est à nous, c'est à notre courage, à rejeter sur les esclaves qui osent se dire nos ennemis, les dangers dont ils nous menacent ; qu'ils tremblent à la vue des forces imposantes dont le sentiment de la liberté ranime une nation généreuse qui ne respire que pour elle.

Citoyens, voici le moment de déployer toute notre énergie ; la loi n'aura pas vainement déclaré, les corps administratifs d'une part et les gardes nationales de l'autre, en état de surveillance et d'activité permanente ; elle n'aura pas en vain stimulé notre zèle et réclamé le secours de nos bras, où le plus noble emploi de notre fortune, dans une occasion, où chacun de nous, a sa personne, sa famille, ses propriétés à défendre, et son pays à garantir d'une invasion.

Chacun de nous portant aussi dans son cœur, l'image de

la patrie menacée, saura se dévouer à sa défense, selon son pouvoir et ses facultés, et si tous ne peuvent pas voler à l'ennemi et le combattre corps à corps, tous sauront le punir de sa témérité, par des services d'un autre genre.

Remplir avec courage et fidélité les fonctions que la Providence nous a départies dans l'ordre social ; aider dans leurs besoins et encourager nos frères qui vont au champ de Mars cueillir les lauriers exterminateurs des despotes, c'est également bien servir la patrie et concourir à la victoire.

C'est dans la persuasion que les paisibles habitans retenus dans nos murs par leurs devoirs ou leurs affaires, sauront dédommager les courageux citoyens qui vont verser pour eux leur sang sur la frontière, c'est sur cette assurance, garantie par le patriotisme des généreux Lillois, que le Conseil général de la commune vient d'arrêter d'ouvrir une souscription civique en faveur des femmes et des enfans de tous les volontaires peu fortunés de cette ville, que leur service à l'armée durant cette campagne, pourroit exposer à des besoins.

Quant à ceux que la guerre aura privés d'un père ou d'un époux, ils sont déjà l'objet spécial de la bienfaisance de la nation et la loi a pourvu à leur sort.

Les registres de la souscription seront ouverts tous les jours dans l'un des bureaux de la municipalité, sous l'inspection des commissaires nommés à cet effet. Chacun est invité à y apporter son offrande, en se souvenant que pour une aussi bonne œuvre, l'humble denier de la veuve n'est pas une offrande moins agréable que le don fastueux d'un monceau d'or offert par le riche.

Chaque mois les commissaires feront publier le montant

de la recette, pour en ordonner la distribution en conséquence.

Fait en l'assemblée du Conseil général de la commune de Lille, le 2 août 1792.

WAYMEL, *secrétaire-greffier*.

———

De Lille, 4 août 1792.

Les détachemens qui s'étoient portés il y a 4 jours à Roubaix, Lannoy, etc., sont rentrés hier. Ils ont eu 6 rencontres pendant ce court espace de tems, et toutes ont constamment été à notre plus grand avantage. On fait monter le nombre des hulans et tyroliens tués de 14 à 15. On ne peut pas le savoir au juste, parce qu'ils n'ont jamais été attaqués en face, mais toujours invisiblement ; l'ennemi, suivant sa loyale habitude, ne connoît pas de moyens plus sûrs pour assassiner son monde que de se cacher dans les bleds. Nous avons eu 3 soldats et un un officier du 15ᵉ régiment de blessés. On nous a adressé de Roubaix, quelques détails intéressans à ce sujet ; mais leur étendue nous force de les renvoyer à demain.

* *
*

Jeudi dernier, les bataillons de notre nombreuse garde nationale, se sont assemblés en bonne tenue et en armes à leur rendez-vous respectif.

Un officier municipal, en écharpe, accompagné d'un membre du directoire du district et de deux notables, est venu faire lecture de la loi qui déclare *La patrie en danger*. On a ensuite demandé, sur la réquisition de

M. Labourdonnais, lieutenant-général, commandant l'arrondissement, un homme de bonne volonté sur 6 pour voler à son secours sur la frontière. La garde nationale de Lille animée d'un civisme qui ne s'est jamais démenti fournira au moins 14 à 1500 hommes, si toutefois ce nombre n'est pas excédé, car nous connoissons des citoyens qui, désespérés de ne pouvoir quitter leur atelier, leur commerce et leurs affaires sans exposer un grand nombre d'ouvriers à la misère, ont offert de fournir des défenseurs pendant la campagne, sans qu'ils soient à charge à la nation.

———

A l'auteur de la Gazette du département du Nord

Roubaix, le 3 août 1792.

Monsieur,

La semaine qui tire à sa fin a été une semaine d'alarmes continuelles dans notre bourg. Notre garde nationale et tous les habitans ont été presque jour et nuit sur le qui vive. Nous vous prions de nous aider à acquitter le tribut de reconnoissance que nous devons à Monsieur Dumoutier, capitaine-commandant le détachement qui est arrivé lundi dernier, pour veiller à notre sûreté contre les attaques d'un ennemi atroce, qui s'est familiarisé avec le vol et les assassinats. Son détachement étoit composé d'infanterie du 15e régiment, où il est capitaine, de cavaliers, de hussards, de volontaires soldés et de chasseurs belges. La subordination qu'il a fait observer parmi ces différentes armes, tient à sa fermeté, à son courage et à son intégrité. Toujours à la tête de ses patrouilles, il alloit dénicher l'ennemi, avec une ardeur incroyable, et en cela il répondoit parfaitement à celle de sa troupe. Nous lui devons aussi les éclaircissemens suivans qu'il a su tirer d'un chasseur de Laudon, déserteur, arrivé à Roubaix avec armes et bagages. Interrogé sur la situation et disposition de l'ennemi, il a déclaré que le corps sous les ordres de M. Mylius est de 1000 hommes ; qu'ils sont distribués de Menin à Roubaix en différens postes ; que soixante chasseurs et huit hulans sont cantonnés à Herzaux ; que le long de la Lys, les postes étoient extrêmement multipliés ; qu'à quatre heures du matin un espion étoit venu les avertir de la marche d'une forte patrouille de François ; qu'alors un nombre de petits postes s'étoient réunis, qu'ayant marché vers la limite-frontière, ils avoient essuyé une fusillade qui leur a tué et blessé beaucoup de monde ; enfin qu'il a saisi le moment de désordre pour gagner la terre de la liberté, et qu'il seroit suivi sitôt que l'occasion s'en présentera, d'un grand nombre de ses camarades. M. *Dumoutier* ne s'est pas borné à donner la chasse à l'ennemi, il a fait arrêter quatre voleurs et un espion qui ont été conduits dans les prisons de Lille. Notre municipalité, pour répondre au désir de la commune, et faire connoître à cet officier tous les témoignages de sa plus vive reconnoissance sur la bonne conduite qu'il a constamment fait observer pendant son séjour à Roubaix, sollicite sa permanence dans ce bourg.

* *
*

Des moissonneurs qui travailloient à faucher le bled d'un vaste champ dans le village de Nomain, à une petite lieue d'Orchies, ont trouvé quatre cadavres, dont la corruption infectoit l'air ; des casquettes en grand nombre, des bayonnettes, des fusils, etc. On a reconnu parmi les cadavres un officier qui n'avoit eu que la cuisse cassée, et qui, vraisemblablement, est mort dans la rage de la faim et des douleurs. On a trouvé sur lui deux montres avec chaînes d'or et 200 louis aussi en or.

———

De Comines-libre, le jeudi 2 août 1792, l'an 4ᵉ de la liberté.

J'ai peut-être un peu tardé, Monsieur, à vous envoyer comme je vous l'ai promis, le récit de la petite affaire qui a eu lieu, dans la journée de mardi dernier, presque, sous les murs de Comines ; mais si je vous ai laissé dans l'inquiétude un jour de trop, j'espère vous dédommager par quelques circonstances de plus, que, faute d'avoir pu me transporter moi-même sur les lieux lors de l'action, j'aurois laissées dans le silence dont je me plais aujourd'hui à les faire sortir.

C'est à Warneton pour cette fois, et non point à Comines, encore moins à Wervicq, qui s'en éloigne davantage, que les ennemis se sont montrés dans la nuit du lundi au mardi 31, au nombre d'à peu près 60. Avertis, comme on n'en peut douter, par quelques mercenaires espions, que les palissades nouvellement dressées derrière le pont-levis le long de la rive de Warneton, étoient foiblement défendues, ils crurent avoir trouvé l'occasion de donner à *l'Europe policée* une nouvelle preuve de leur bravoure, en venant piller ou égorger le pauvre et tranquille habitant des chaumières qui bordent la Lys de ce côté. Ils essayèrent donc de surprendre le Pont-rouge, et déplacer à Warneton l'énorme pièce de bois, qui tout comme à Comines, les prive de l'avantage du pont-levis, et pour mieux y réussir, ils imaginèrent un moyen qui rompit lui seul toutes leurs mesures. On leur avoit persuadé qu'ils viendroient à bout de tout par la frayeur qu'ils pourroient sans peine répandre ; point du tout, ce fut la frayeur qui déconcerta leurs projets, car on n'eut pas plutôt entendu les premières décharges de carabines, que des paysans coururent en grande hâte, les uns à Deûlémont, les autres à Quesnoy, plusieurs vinrent chercher des secours à Comines, on eut d'autant moins de peine à les croire sur le rapport qu'ils faisoient, que l'ennemi venoit par Warneton, que les sentinelles et les patrouilles qui cottoyoient la Lys de ce côté-là avoient elles-mêmes entendu les coups de feu. Il étoit environ minuit, vite on va faire part au commandant des divers détachemens que nous avions ici, du danger qui menace la ville et ses environs, les capitaines de notre garde nationale avertis aussitôt, rassemblèrent en silence leurs compagnies ; on se range en ordre de bataille sur la place, puis on se partage en plusieurs divisions, que l'on distribue dans les extrêmités de la ville, et plusieurs patrouilles partent pour Warneton par des sentiers différens et que sûrement l'ennemi n'auroit pas soupçonnés. Elles arrivent assez à tems pour s'appercevoir du dessein de l'ennemi et s'y opposer. On se fusilla fort poliment pendant une partie de la nuit ; mais sans que l'on put s'assurer si l'ennemi avoit perdu du monde. Quant à nous pas un seul n'a été même blessé... Presque au même instant où les secours envoyés de Comines à Warneton y arrivoient, ceux du Quesnoy, Deûlémont et de nombre d'autres municipalités circonvoisines arrivoient aussi, et telle fut la surprise, on pourrait presque dire la stupeur des braves Impériaux à la vue d'un si grand nombre de soldats-citoyens et citoyens-soldats, qu'ils n'eurent rien de plus pressé que de se retrancher bien vite derrière les maisons de Warneton-esclave, et ce ne fut plus que par intervalle et par les fenêtres de l'abbaye, et d'une maison placée précisément en face du pont, qu'ils se montrèrent, ou plutôt qu'ils se firent entendre. Toute la matinée et une partie de l'après-midi de la journée du mardi, se passa dans cette merveilleuse occupation de la part de ces intrépides. Nous autres, nous nous occupions à les coucher en joue, et nous nous en exercions à leur barbe, dans la plaine comprise entre les deux palissades. Grâce à Dieu, aucune de leurs balles n'a atteint personne des nôtres, mais peu s'en est fallu que plusieurs ne périssent. M. *Debordelière*, lieutenant au 13me régiment de cavalerie, ci-devant Orléans, m'a montré une balle très grosse qui lui frisa la boucle gauche et fut se briser au pied d'un arbre. M. *Théri Faligant*, sous-lieutenant du 90me régiment d'infanterie, ci-devant de Chartres, s'étant avancé un peu trop près avec le Sr *Deleporte*, brave sergent de sa compagnie, a couru le même danger, mais avec le même bonheur. Du reste, il n'y a point eu d'action d'engagée ; et vers le soir, le feu des Autrichiens ayant cessé, nous cessâmes le nôtre. On laissa derrière les palissades un renfort assez considérable, et depuis lors on est seulement en observation de part et d'autre.

Je suis avec fraternité, votre ami.

DUVIVIER,
prêtre-citoyen desservant la cure de Comines-libre.

De Lille, 6 août 1792.

Nos patrouilles sont enfin parvenues à mettre des bornes aux brigandages de l'ennemi. Toujours battu, il a commencé à appercevoir l'erreur de se sacrifier pour l'ambition d'un seul homme et d'un homme despote, qui l'abandonne s'il n'a eu que le malheur de se faire estropier à son service. Ces réflexions, auxquelles le soldat autrichien se livre, donnent de l'inquiétude aux généraux. Le bruit se confirme que ces jours derniers il y a eu une insurrection assez sérieuse parmi les troupes autrichiennes dans Mons, que les émigrés ont été obligés de fuir cette ville et que le général *Beaulieu* y a été massacré. La désertion est aussi très-considérable. On dit que les portes de Tournay sont fermées parce qu'on sait qu'un régiment en entier est dans le dessein de déserter. Cette désertion journalière est considérable. Un officier supérieur est toujours à la tête de leurs patrouilles, et malgré ces soins assidus, elles ne rentrent jamais avec le même nombre. M. *Dillon* ayant demandé à un grenadier hongrois pourquoi il avoit déserté, celui-ci lui a répondu : « Moi l'y être homme, et moi vouloir se battre pour défendre la terre de la liberté.»

De Lille, 7 août 1792.

Les Autrichiens, qui ne sont pas heureux dans leurs petites guerres, ont fait dire, assure-t-on, aux municipalités de l'extrême frontière, qu'ils se borneroient à garder leurs limites et qu'ils ne viendroient plus saccager, piller et égorger nos paisibles habitans sans défense, si on vouloit s'engager à ne plus les attaquer sur leur territoire, au moins pendant la moisson. Il n'y a eu aucun évènement fâcheux de part et d'autre depuis cette ouverture, nous ne disons pas loyale, parce que ce n'est pas le caractère des assassins d'être de bonne foi, cependant nos patrouilles rentrent sans avoir fait de rencontre, et toutes les nuits il sort de notre garnison des détachemens considérables.

P.-S. — Au moment où nous allons à la presse, un régiment de hussards *d'Esterhazy*, au service de la liberté, conduit à l'hôtel de ville, deux prisonniers hussards *d'Esterhazy* au service du despotisme et de la tyrannie, avec leurs chevaux, armes et bagages. Ils ont été capturés la nuit précédente dans les environs de Baisieux. Le détachement ennemi étoit de 80 hommes. On croit avec quelque fondement qu'il cherchoit à déserter, mais la trop grande ardeur de nos patrouilles à attaquer a fait fuir les 78 autres.

Autre P.-S. — Dix hussards et deux casquettes déserteurs entrent en ce moment en ville, avec leurs chevaux, armes et bagages. Il est donc bien vrai que ce détachement avoit envie de gagner la terre de la liberté, lorsque les François l'ont chargé, mais leur louable intrépidité ne nuira peut-être pas à la désertion de ces hommes, qui sans doute n'auront pas regagné le territoire inquisitorial. Dans ce cas nous les verrons arriver par petits pelotons. Ceux qui viennent se sont mis à crier aux François en franchissant les limites : « *Bonjour camarades, nous venons vivre en frères avec vous, plutôt que de nous entr'égorger. La justice de votre cause nous est connue. Il vous viendra encore des bras pour combattre les despotes et le despotisme.* »

De Lille, 8 août 1792.

A Tournay dont les portes sont fermées depuis plus de 8 jours, le canon du rempart est braqué, non contre les François mais contre les habitans, et la misère enfin comble la mesure du désespoir. Un régiment de la garnison a montré quelques mouvemens d'insurrection, on dit même qu'il a voulu déserter en corps, que dans ce moment il se tient un conseil de guerre pour le juger et qu'il sera décimé; reste à savoir si ce jugement a lieu, s'il sera exécuté. Des forces considérables se portent sur la frontière pour protéger nos récoltes ; outre les enrôlements volontaires, le le département a mis le 6me des gardes nationales de son ressort en réquisition de permanence. Il y a eu hier une fusillade du côté de Leers. Un volontaire, blessé d'un coup de feu, est tombé dans un fossé, l'assassin avide de butin, accourt sur lui pour le dépouiller; voulant lui ôter ses culottes, le volontaire, qu'il croyait mort, lui lâcha un coup de pied dans l'estomac en prononçant ces mots : « *Vive la nation* » ! Le meurtrier prend son arme et lui tire son coup au milieu de la figure. On dit que le scélérat n'a pas porté loin la peine dûe à sa lâcheté.

De Lille, 9 août 1792.

Rien de nouveau de l'extrême-frontière. Ce matin le bataillon du régiment de *Rinack*, Suisse, est parti pour Dunkerque. Il sera remplacé, par un bataillon de celui de *Courten*, aussi Suisse, venant de Douay, et ce régiment sera complet dans cette garnison.

De Lille, le 10 août 1792.

Rien de nouveau du côté de la frontière. Nos champs sont couverts de travailleurs et la moisson qui est des plus abondantes sera dans peu de jours mise à l'abri du brigandage de nos ennemis.

—

De Lille, 11 août 1792.

Les généraux *Dumouriez* et *Moreton* sont arrivés ici jeudi soir. Hier les officiers des différens corps qui composent notre garnison ont été leur faire des visites de corps. La société des Amis de la constitution a tenu à leur occasion une séance extraordinaire à laquelle ils ont assisté. Leur entrée dans le sanctuaire du temple de la fraternité a été couverte d'applaudissemens. M. *Nolf*, curé de la Magdeleine, qui présidoit la société, leur a adressé un compliment, auquel M. *Dumouriez* a répondu en peu de mots, mais où le patriotisme du général a été longtems applaudi. M. *François* qui avoit commencé la lecture d'un long discours sur la déchéance du roi, et qui avoit été interrompu, a continué cette analyse d'enchaînement de faits inconstitutionnels du pouvoir exécutif, qui nous ont conduits à la crise où nous nous trouvons, et a conclu à la déchéance du roi. On a fait la motion de savoir si on feroit à l'assemblée nationale une adresse qui porteroit le vœu de la société pour la déchéance. M. Labourdonnais, lieutenant-général, commandant dans l'arrondissement, et qui accompagnoit les deux généraux du camp de Maulde, a fait la motion, que, puisqu'on avoit délibéré de faire une adresse au corps législatif, il falloit donner son adhésion à celle que le maire de Paris avoit prononcée à la barre de l'assemblée nationale au nom des 84 sections de Paris. Cette motion, vivement applaudie a été adoptée. Une dame affiliée à la société a adressé un compliment à M. *Dumouriez*, et lui a présenté un bouquet ;

le général lui a répondu avec ce langage poli qu'inspire le sexe, et lui a dit que ce bouquet *deviendroit une arme puissante contre les Autrichiens.* On a aussi fait les motions de demander au corps législatif M. *Dumouriez* pour général de l'armée du Nord, et M. *Labourdonnais* pour commandant dans le département. On a vivement applaudi à ces motions, et ces vœux seront portés à l'assemblée nationale par une adresse. La séance a été levée après 8 heures.

De Lille, 14 août 1792.

Le bataillon du régiment de Courten, Suisse, qui étoit à Dunkerque est arrivé dimanche matin. Ce régiment qui se trouve complet, est parti hier matin pour Valenciennes.— Notre récolte est très abondante. Le tems a été des plus favorables pour la recueillir et la qualité du grain est excellente. Nous avons mis un épi de gros bled sur la balance, il s'est trouvé peser 7 onces et un demi quart. Les Autrichiens n'ont pas paru sur notre territoire pendant que nos cultivateurs étoient occupés à cet important travail. Ce calme est dû sans doute à de nombreux détachemens, de toutes armes, qui ont été envoyés sur l'extrême frontière pour les protéger.

A l'auteur de la Gazette du département du Nord.

Roubaix, 13 août 1792.

Monsieur,

Bien persuadé que vous ne voudriez pas taire le fait

suivant, je me hâte de vous en faire part. Dimanche dernier, 5 déserteurs autrichiens arrivèrent à Tourcoing ; ils réclamèrent le droit des gens et la bienfaisance que la nation accorde aux étrangers qui viennent se ranger sous les drapeaux de la liberté. Un scélérat se détache et va en informer le poste ennemi le plus voisin. 36 à 40 satellites accourent sur cet avis, croyant y trouver la peau de l'ours vendue mais non livrée. Arrivés à Tourcoing, ils somment de leur ouvrir la barrière, ce qu'on fit avec beaucoup d'honnêteté ; leur entrée dans ce bourg y fut même triomphante. Ils allèrent se ranger en bataille devant les portes de l'église, où l'on chantait vêpres, deux d'entre eux y entrèrent et dépouillèrent un faquin de Lincel *(sic)* qui ose se vêtir de l'habit de garde national, de deux pistolets de ceinture qu'il portoit en parade sur les hanches, lui brisèrent son sabre, et sans doute, outrés de n'avoir à faire qu'à un lâche, ils le maltraitèrent encore. Les complices du dénonciateur, avant l'arrivée de cette horde ennemie, cherchoient à amuser les déserteurs, fuyant le despotisme pour le combattre ensuite, mais ils furent sagement avertis qu'il n'y avoit pas de sûreté pour eux dans un endroit si près du territoire qu'ils venoient d'abandonner, et ils prirent heureusement la route de Lille ; bien leur en prit, car un quart d'heure leur auroit été bien funeste. L'officier commandant de cette bande la conduisit ensuite sur la place, où il requit un des notables du bourg de lui délivrer pour lui et les siens un certificat de bonne conduite. Celui-ci seul déclina sa compétence et envoya son client à la municipalité. M. le maire qui n'a pas envie que son écharpe soit suspendue à la voûte du panthéon françois, avoit déjà gagné le large ainsi que plusieurs officiers municipaux ; cependant il s'en trouva encore deux dans le bourg, ils furent invités de délivrer ce certificat, ce à quoi ils se prêtèrent de la meilleure grâce du monde. Les Autrichiens fêtés et bien régalés dans Tourcoing, et surtout ne doutant pas que des gens moins polis viendroient leur chercher chicane, se sont retirés, et les deux magistrats les ont accompagnés jusqu'à la barrière, où les complimens d'honnêteté se sont cordialement faits de part et d'autre jusqu'au revoir. Trois gardes nationaux et leur commandant étoient accourus à Roubaix pour demander du secours. La municipalité qui a déjà donné tant de preuves de son civisme, toujours en état de permanence pendant ce tems de calamité, requit des secours du commandant du détachement de ligne et fit battre la générale : troupes, gardes nationales, tous, furent sous les armes en trois minutes et tout ce monde s'achemina à l'aide de bons guides vers Tourcoing, mais les Autrichiens étoient dénichés il y avoit une demi-heure. Les viandes froides qu'on avoit servies sur les tables pour les Autrichiens, et que ceux-ci, dans la crainte d'être surpris, n'avoient pas eu le tems de manger, servirent de rafraichissement à nos Roubajois et à nos troupes de ligne. Roubaix fut aussi bientôt peuplé de gens que la peur avoit fait fuir. A sept heures du soir nous avons entendu une fusillade continuelle pendant plus d'une heure et demie du côté des villages de Néchin et Leers ; nous ignorons la suite de cette affaire. Ne seroit-ce pas aussi une ruse des Autrichiens de chercher à nous faire porter nos forces d'un côté pendant qu'ils nous attaquent de l'autre ? C'est ce que le tems nous apprendra. J'ai l'honneur d'être avec fraternité, votre dévoué ami, et abonné.

.·.

Nous sommes effectivement informés que cette fusillade

a eu lieu sur terre ennemie entre 150 Autrichiens et 60 chasseurs belges. 11 Tyroliens sont restés morts sur la place et contre leur ordinaire, ils les y ont laissés. On a encore trouvé le lendemain matin 4 morts dans les bleds. Les Belges en auroient fait un plus grand carnage, si une grande partie de leurs carabines n'avoient crevé, 2 de ces chasseurs, acteurs dans cette tragédie et qui ont été envoyés à Lille pour y chercher des armes, nous ont dit avoir tiré au moins 160 coups chacun pour leur part dans ce combat qui a duré plus d'une heure. Les Belges n'ont pas eu un seul homme de tué, ni blessé. Hier une patrouille de 8 à 10 hommes, sortie de Watrelos, marchant nonchalamment dans un sentier sur les bords d'un champ de bled, a été assaillie par des brigands qui y étoient cachés. Ils ont assassiné un cavalier, 2 hommes du 56e régiment et 2 autres ont été blessés. Les autres ont bien déchargé leurs fusils dans les bleds, mais la retraite des assassins n'étoit indiquée que par la fumée de la poudre, et ils n'ont vu personne.

De Lille, 17 août 1792.

Les volontaires nationaux arrivent ici de toutes parts. Cette jeunesse pleine d'ardeur brûle de se mesurer avec l'ennemi. Le passage de ces braves volontaires continue sans interruption et seulement depuis le commencement de cette semaine un très grand nombre ont passé la nuit dans cette ville. Tous les jours il en part des compagnies nombreuses pour l'armée du Nord. Des officiers et bas-officiers, envoyés par M. *Dillon* les y conduisent. Hier on a encore entendu une fusillade du côté de Watrelos, il paroit que nos intrépides patrouilles veulent se venger des assassinats dont nous avons fait mention dans notre dernier Bulletin.

———

De Lille, 18 août 1792.

Les volontaires continuent d'arriver de toutes parts. Hier une compagnie au moins de 160 hommes de la petite ville et du canton d'Armentières, dont la plus grande partie ont du service, ayant en tête un officier municipal en écharpe et à cheval, avec deux gendarmes à ses côtés, est venue chercher des armes à notre arsenal. Armée, elle est retournée dans son canton, où elle attendra les ordres pour marcher à l'ennemi. Depuis que nos campagnes commencent à être dépouillées, l'ennemi n'ayant plus le moyen de se cacher pour dévaliser les passans, nos frontières sont moins infectées de leurs incursions. On a amené hier deux fermiers et une femme, gagés par les Autrichiens à titre d'espions.

———

Discours prononcé par M. André, maire de la ville de Lille, après la proclamation solennelle de l'acte du corps législatif qui déclare LA PATRIE EN DANGER. *le 19 août 1792, l'an 4me de la liberté.*

Citoyens !

La patrie est en danger, le corps législatif nous a chargé de vous l'annoncer, c'est sa voix que vous venez d'entendre, c'est le cri du paternel amour, prêtez une oreille attentive à ses avis salutaires et la patrie sera sauvée.

Oui, citoyens, le sort de cet Empire est entre vos mains.

Jalouses de notre liberté conquise, des puissances formidables se sont liguées pour nous la ravir, elles brûlent d'étouffer dans sa naissance ce germe précieux de notre bonheur. Déjà elles bordent nos frontières; déjà elles ont tenté de les franchir; déjà, elles nous regardent comme devenus leurs esclaves. Mais, François, paroissez; François, unissez-vous, et votre union deviendra un bouclier impénétrable à tous leurs traits. Là, se brisera leur orgueil; là, échoueront tous leurs vains efforts.

En vous présentant des ennemis à combattre, c'est vous ouvrir la carrière de gloire. Braves citoyens, hâtez-vous d'y entrer. Une nation libre ne sauroit être vaincue. Autant elle va former de soldats, autant nous compterons de héros.

Accourez donc jeunesse belliqueuse; montrez-vous citoyens de tout âge, empressez-vous d'inscrire vos noms sur la liste honorable des défenseurs de la patrie, que nous allons déposer dans ce temple de la liberté. Rangez-vous sous ses étendards, il y croît des lauriers qui ne se flétrissent jamais, parce qu'ils sont cueillis par le courage et par la vertu.

Vous le savez, citoyens, les vertus et les talens sont aujourd'hui les seuls titres qui honorent, les distinctions ne sont plus, les inscriptions pompeuses ont fait place aux doux noms de frères et d'amis. Au règne du despotisme a succédé le règne des loix. François, ajoutez à votre gloire en leur demeurant fidèlement soumis. Obéissez aux autorités, faites respecter les propriétés, donnez encore ce grand exemple à l'univers, et vous obtiendrez son admiration, comme vous en deviendrez infailliblement le modèle.

Tous les peuples envieux de notre sort ne tarderont pas de répéter après nous : la liberté et l'égalité, voilà notre devise; mourir pour les défendre, tel est notre devoir.

Citoyens, nous allons prévenir, le vœu de la loi en prêtant ce serment dans les termes qu'elle prescrit.

Nous jurons de maintenir la liberté et l'égalité, ou de mourir en les défendant.

De Lille, 21 août 1792.

Il semble que nous sommes au tems de *Cadmus*, où les hommes sortoient, tout armés, de terre. Outre les volontaires du département qui arrivent par compagnies à tous les instans, les citoyens qui vont déposer leur seing sur le répertoire qui repose sur l'autel du temple de Mars, élevé sur la grand'place, est considérable. Un grand nombre de déserteurs autrichiens et prussiens, malgré l'éloignement des légions de ces derniers de cette frontière, vient encore se joindre à ces courageux citoyens, que l'amour de la patrie, des loix et de l'égalité, arme pour les défendre, contre une politique barbare de quelques chefs d'une croisade horrible, qui ruinent sans aucun fruit, les malheureux peuples, courbés sous leur joug. La saine partie du régiment de *Diesbach*, fatiguée d'une inaction, peu faite à l'humeur guerrière des individus qui la composent, se voyant réduite à un mesquin service de garnison, indignée, sans doute, de la conduite d'une partie de leurs camarades à Paris dans la journée du 10, et redoutant surtout la calomnie qui versoit déjà à long trait l'amertume de son fiel sur elle, a voulu prouver qu'elle étoit digne d'être associée à un peuple libre. Elle a abandonné ses tranquilles drapeaux au milieu du cliquetis bruyant des armes, sous lesquelles elle ne pouvoit, sous le vain et singulier prétexte de conventions de despotes à despotes, combattre les ennemis d'une nation amie et à sa solde, pour servir sous les enseignes tricolores de la liberté. Plus de 200, nous a-t-on assuré, de ces braves et fermes guerriers se sont engagés hier dans les différens corps qui composent l'armée du camp de Maulde, sous les ordres du prudent M. *Dumouriez*, comme la plus exposée et la plus près de l'ennemi. Des officiers même ont abandonné leur grade pour servir comme simples soldats. Ce louable dévouement décomposera entièrement ce beau et inutile régiment, mais singulièrement nécessaire pour former nos jeunes défenseurs qui composent nos nouvelles légions, bouillantes de courage, mais peu exercées.

De Lille, 24 août 1792.

Hier à 6 heures du matin, des paysans de Néchin accourent à Lannoy pour informer le détachement qui y est en cantonnement, que des hussards et des tyroliens, étoient arrivés dans ce village, qu'on y redoutoit les coups de main et les assassinats trop ordinaires parmi des brigands affamés de butin. 10 cavaliers du 13me régiment et 10 hussards d'Esterhazy, qui alloient être relevés par un détachement parti de Lille à 3 heures du matin, étoient déjà à cheval pour s'acheminer vers leur garnison. Après quelques pourparlers avec ces paysans, sans guide, sans ordre et sans chef, ils volent chercher l'ennemi pour le combattre. Ils sont bientôt suivis par un détachement de chasseurs belges. Arrivés à Néchin, les satellites du despotisme cherchoient leur salut dans la fuite; mais ils ont été chargés avec tant d'impétuosité que le combat s'est engagé avec un acharnement incroyable de part et d'autre.

Arrivent les braves Belges, ils donnent sur l'ennemi avec une telle impétuosité qu'il est obligé de se débander. L'officier qui les commandoit est blessé à l'épaule d'un coup de feu et fait prisonnier par une douzaine de hussards et de tyroliens qui l'entraînoient avec violence. *Etienne Jaillet*, cavalier au 13me régiment, vole à son secours, lâche ses deux pistolets sur la bande de ravisseurs et fait mordre la poussière à 2 d'entre eux, met le sabre à la main, taille les autres en pièces et ramène le capitaine belge. L'intrépide *Jaillet* est blessé de plusieurs coups de feu, dont un lui traverse le bras et un autre le côté. Il a aussi reçu plusieurs coups de sabre, dont un sur le poignet, son chapeau est percé de plusieurs balles. Son cheval a été blessé, une balle lui est restée dans la croupe, une autre lui traverse le col et une troisième lui a emporté les narines. *Batiste Hustre*, aussi cavalier dans le 13me régiment, essuie un coup de feu d'un tyrolien, qui heureusement le manque. Le brave *Hustre*, court sur lui, lâche son pistolet et le tombe étendu. Le tyrolien n'étant pas blessé à mort, recharge sa carabine sans se relever et tire de nouveau sur *Hustre* ; mais l'ayant encore manqué, ce dernier revient sur lui et le hâche en pièces. Des lambeaux de ses habillemens ont été apportés au bout du sabre de son fils, qui est cavalier dans le même régiment. Un hussard d'*Esterhazy* ayant vu entrer un tyrolien dans une ferme, vole au secours du malheureux fermier, qui alloit être la victime de ce brigand. Il y arrive, comme il en sortoit chargé de linge et de rideaux. Le hussard dont nous regrettons ne pas savoir le nom pour le transmettre à la postérité, lui assène un coup de sabre qui lui abat la tête, s'empare des effets volés et les rend au fermier.

Les Autrichiens ont eu au moins 10 à 12 hommes de tués,

et ils doivent avoir eu un grand nombre de blessés, si l'on en juge par le sang qui a rougi la terre ; nous n'avons eu de 4 à 5 blessés, et autant de chevaux.

. .

La nouvelle du licenciement des régimens suisses, a déterminé ceux des soldats du régiment de *Diesbach* qui restoient encore attachés à leurs drapeaux à prendre parti parmi nos troupes. Ce sont des guerriers de plus qui vont défendre la patrie contre des ligueurs despotes. Aujourd'hui ce régiment n'existera plus. L'arbre de la liberté a été planté dans le quartier qu'il occupoit ; gardes nationales, troupes de ligne, tous les citoyens s'empressent de les accueillir et de les fêter ; au lieu que ci-devant, la sévère discipline leur défendoit de frayer avec qui que ce soit. En général, tous paroissent fort contens de cette révolution. Le nombre des citoyens qui se destinent pour marcher à la frontière est toujours considérable, et les déserteurs autrichiens, qui nous arrivent à tous les instans, le grossissent singulièrement.

De Lille, 26 août 1792.

Il s'est passé il y a deux jours, une affaire dans la petite ville de Lannoy. Les Autrichiens qui avoient été rossés d'importance le jour précédent ont voulu en tirer vengeance ; ils sont en conséquence venus en nombre, et, à la sourdine, attaquer ce poste. Nous n'avons pu nous procurer encore des détails assez certains sur cet évènement, pour en rendre compte aujourd'hui.

Hier il est entré un nombre considérable de déserteurs autrichiens. On en a d'abord vu conduire deux à l'hôtel de ville, qui attendoient que les portes de la ville s'ouvrent pour entrer. Dans la matinée, on en a vu arriver une bande de dix de différens uniformes.

Un des assassins de M. *Dillon* a eu la tête tranchée.

* *

La trahison de différens généraux que la liste civile soldoit, et la fuite de quelques-uns de ces *Cromwell*, devoient nécessiter des changemens dans les plans de campagne et dans nos moyens de défense. Les opérations de M. *Dumouriez* ne seront donc plus les mêmes que celles des généraux qui l'ont précédé Il paroît que son intention est de porter une partie de son armée sur Lille, et que bientôt vingt mille hommes camperont dans nos environs ; les approvisionnemens pour ce nombre d'hommes sont commandés. On croit qu'ils camperont sur la vaste plaine de Wambrechies à Quesnoy.

---

28 août 1792.

Hier, vers les dix heures du matin, un détachement de 300 hommes de toutes armes est rentré en ville, portant à la pointe de leurs sabres et des baïonnettes des dépouilles de quelques malheureuses victimes de l'hydeux despotisme. Un cavalier avoit à la pointe de son sabre l'oreille d'un hulan, à qui il a donné la mort. Ils ont amené avec eux plusieurs déserteurs, quelques-uns étoient en croupe sur les chevaux de nos cavaliers. Fiers d'avoir rencontré des frères au lieu d'ennemis, on sembloit distinguer sur la figure de ces étrangers, un mélange de joie en caressant la cocarde tricolore qu'ils portoient sur le sein, et un chagrin amer se peignoit dans leurs yeux, d'avoir porté les armes contre des hommes qui les accueilloient avec tant d'humanité. L'après-midi il est encore arrivé différentes bandes avec armes et bagages.

28 août 1792.

Au moment où nous allons à la presse, l'avant-garde de l'armée, sous les ordres de M. *Dumouriez*, commandant général, commence à s'établir à la porte de la Magdeleine, sur le même emplacement où, la même année, sous les ordres de M. *Lückner*, elle étoit campée lorsqu'elle est allée conquérir la West-Flandre, et à son retour de cette province. Les boulangers ont mis ce matin le premier feu aux nouveaux fours que l'on a construits sur l'Esplanade, et ils sont occupés à cuire pour l'armée. On travaille à augmenter l'artillerie de nos remparts, déjà hérissés de canons, d'un grand nombre de mortiers.

De Lille, 29 août 1792.

Nous avons été trompés en annonçant hier que l'avant-garde de l'armée du Nord commençoit à camper à la porte de la Magdeleine. On nous a fait ce rapport au moment où nous allions à la presse, le tems ne nous a pas permis de le vérifier. Il est absolument controuvé. On a seulement vu arriver une très grande quantité de bœufs et tout se borne à ce convoi.

De Lille, 30 août 1792.

Hier et cette nuit il y a eu une affaire assez sérieuse entre Comines, Wattrelos et Roubaix, mais nous n'en connaissons pas encore les détails.

Lille, 31 août 1792.

Hier, le bonnet de la liberté a été placé avec cérémonie, au son d'une musique bruyante, au-dessus du coq du clocher Saint-Étienne. MM. de la Municipalité, en écharpe, accompagnés des notables, tous en bonnets rouges, y ont assisté. Un peuple immense remplissoit la vaste place d'armes et faisoit retentir les airs des cris qui expriment si bien le patriotisme le plus pur. Nous croyons que personne n'a encore imaginé d'élever au haut de la flèche d'un clocher ce signe de la liberté, en témoignage de la résolution imperturbable de la défendre contre les tyrans coalisés, jaloux du bonheur d'un peuple, las du joug du despotisme qui l'écrasoit [1].

L'extrême frontière, aujourd'hui que les champs sont débarrassés de leurs productions, devient le théâtre d'une

---

[1] C'est cet emblème qu'un citoyen lillois, Hainzelin, ira enlever, quelques jours plus tard, au péril de sa vie, pour le sauver des flammes allumées par les boulets rouges des Autrichiens.

infinité de petits combats. Hier du côté de Deûlémont on s'est fusillé pendant plus de quatre heures sans relâche. Nous ignorons encore le résultat de ces événemens. Il est certain qu'il y a eu une affaire du côté de Maulde, car on entendoit en même tems le bruit du canon, porté par les vents, venant de ce côté.

———

De Lille, 1er septembre 1792

L'affaire qui a eu lieu, il y a 3 jours, entre Roubaix, Lannoy et Watrelos, a été longue et meurtrière du côté de l'ennemi, conduite dans un ordre de bataille et même avec bonne foi, s'il est possible qu'il y en ait parmi des hommes qui s'entre-tuent sans se connoître, et sans jamais avoir eu d'inimitié ensemble. On s'est fusillé en face, on s'est harcelé, on a fait des mouvemens pour se tourner, pour se prendre en flanc, enfin le champ de bataille est resté aux François, avec 11 Autrichiens et leur commandant tués roides sur la place. Nous n'avons point eu de tué, 5 ont été blessés, dont un caporal du 15e régiment qui est mort de sa blessure à l'hôpital de Roubaix. Une balle lui a traversé les deux joues lui fracassant la machoire. De part et d'autre on s'étoit fait des prisonniers ; après la bataille l'ennemi a envoyé un tambour pour demander un pourparler. Les chefs des détachemens, escortés par un nombre d'hommes convenu, se sont avancés dans la plaine pour s'aboucher, pendant que leurs détachemens étoient sous les armes dans le lointain. Là, le pistolet à la main, ces chefs ont convenu que les morts seroient enterrés, qu'ils seroient visités pour constater qu'ils avoient été tués en se défendant, et que les prisonniers seroient rendus réciproquement et conduits au but désigné pour rejoindre leur corps. On nous avoit fait 5 gardes nationaux prisonniers.

Nous avons reçu de Comines des détails sur une autre entrevue entre Warneton et Deulémont, ils nous sont parvenus trop tard pour être publiés dans cette feuille.

Nous observerons ici que les Autrichiens ne se soucient plus de garder nos prisonniers, parce qu'ils portent le *mal françois* [1] parmi leurs troupes et que c'est à eux que nous devons le grand nombre de déserteurs qui nous arrivent journellement.

De Comines-libre, le 31 août 1792, l'an 4ᵉ de la liberté et le 1ᵉʳ de l'égalité.

Je me bornerai à vous dire que jeudi dernier, dans la matinée, un gros détachement d'Impériaux d'environ 100 hommes armés de toutes pièces, se sont portés avec une fureur barbare sur les pauvres chaumières des habitans de Warneton-France, et surtout de Deulémont; que profitant de la distance qu'il y a de ces deux endroits à Comines, Lille et Quesnoy, ils ont, en attendant qu'on ait eu le tems de marcher contre eux, ou plutôt de les mettre en fuite, ils ont, dis-je, pillé, dévasté, maltraité tout ce qui s'est présenté sans défense au devant de leur brutalité, et que secondés par des scélérats de Warneton-esclave, ils ont chargé sur des chariots, les effets, les outils, le linge et même des meubles de plusieurs indigens ; ils ont même

---

[1] Cela veut dire sans doute qu'ils propageaient dans l'armée autrichienne les idées de la Révolution française.

porté l'audace jusqu'à déplanter les palissades, que la prudence et les efforts des bons citoyens avoient eu tant de peine à obtenir pour leur propre sûreté. La seule grâce qu'ils ayent faite à nos malheureux concitoyens c'est de ne pas les assassiner : au reste, ils en ont forcé dix à douze à les suivre jusqu'à Wervicq, et ce n'est qu'après les plus révoltantes menaces qu'ils les ont relâchés, à l'exception cependant de deux, qu'ils ont su être plus chauds patriotes que les autres, et auxquels on assure qu'ils ont fait subir le supplice du bâton.

Ce n'est pas au zèle, au courage et à la bravoure de nos soldats qu'il faut s'en prendre, si cette incursion de brigands est demeurée sans une vengeance éclatante. Je suis forcé de répéter ce que la voix publique murmure, à Comines surtout : sous des prétextes de pure formalité on a suspendu le départ des secours demandés et déjà même en marche, et sans cette station fatale à nos voisins, à nos frères, à nos amis de Deûlémont et de Warneton-France, on auroit eu le tems de couper le passage à l'ennemi, au pont de Warneton d'abord, et ensuite du côté de Comines-Nord. L'ennemi seul a été protégé, il a eu le tems de nous échapper et d'emporter avec lui le butin qu'il avoit enlevé par la force : je ne saurois vous décrire la fermentation, qui fut sur le point d'éclater à Comines, en voyant avec quelle maladresse on appliquoit les loix, et on employoit la force destinée à protéger les propriétés des citoyens. J'ai causé de cette affaire avec des militaires, dont le mérite et le patriotisme sont faits pour obtenir de la confiance, et je n'ai pu me défendre de déplorer avec eux, la perte qu'ils avoient faite d'une occasion des plus favorables, et qui peut être ne se reproduira de sitôt, d'envelopper au moins une cinquantaine de hulans, de délivrer nos prisonniers et de reconquérir le butin de nos infortunés concitoyens. A quoi tiennent notre vie, nos biens, nos familles, si, pour des formalités que ne devroient pas connoître ces cas d'urgence et de danger, il faut, ayant des bras armés, un cœur intrépide, et le salut de ses frères pour but, il faut, dis-je, consentir à rester dans l'inaction, et, ce qui est bien plus propre encore à soulever l'indignation, il faut laisser enchaîner son courage.

Je suis, etc...

DUVIVIER,
prêtre citoyen, desserviteur de la cure de Comines-libre.

P.-S. — M. DEBORDELIÈRE, lieutenant au brave 13me régiment de cavalerie, revenant hier soir de faire patrouille du côté de Warneton, m'a dit avoir appris, sur le rapport uniforme de 4 à 5 personnes différentes venues de Wervicq-Nord, que nous avions blessé la veille au moins une vingtaine des brigands mentionnés dans cette lettre ; nous avons eu le bonheur de n'avoir qu'un homme de blessé légèrement.

———

De Lille, 5 septembre 1792.

Hier un détachement venant du côté de Lannoy, Roubaix et Wattrelos, est rentré en ville, portant à la pointe des bayonnettes et des sabres des casquettes et des lambeaux de haillons ; ils conduisoient aussi deux chevaux équipés, pris sur l'ennemi. Cette rencontre a coûté la vie à neuf Autrichiens et un bon tiers, assure-t-on, de leur détachement a été blessé. De notre côté, nous n'avons eu que quelques blessés. — Pendant que ce détachement rentroit en ville par une porte, des exprès envoyés du Pont-Rouge entroient aussi par celle opposée pour venir demander du secours au commandant de la place. Les Autrichiens étoient à la poursuite de quatre bélandres chargées de fourrages et autres denrées. Les scélérats n'ayant pu s'emparer de ce butin, y ont mis le feu et ces provisions ont été consumées. Une femme et trois enfants ont péri dans les horreurs de cet incendie. Lorsque les gardes nationales des environs, ainsi que les troupes de Lille qui y sont cantonnées sont arrivées, les scélérats ont pris la fuite. On dit que nos gens, réunis à un certain nombre, transportés d'une sainte indignation, ont passé le pont, et ont été se venger de tant d'horreurs sur le territoire ennemi, en incendiant de toutes parts les propriétés du paysan, qui est lui seul la cause que les satellites des satrapes coalisés désolent ainsi nos frontières, en les avertissant et en les conduisant même sur les lieux où ils savent que rien ne peut s'opposer à leur odieuse rage.

De Lille, 5 septembre 1792.

La nuit dernière l'ennemi, au nombre de 5000, dit-on, s'est porté sur Roubaix. Plusieurs ordonnances sont venues à Lille pour requérir de prompts secours, et ce matin on a fait partir différens détachemens avec du canon. On dit que ceux des troupes de ligne qui cantonnent dans ce bourg et lieux circonvoisins, sont bien parvenus à se réunir, et qu'ils ont même été grossis par les braves gardes nationales, dont rien n'égale le courage et la pénible activité ; que, réunis en masse, ils se sont battus comme des lions et ont même repoussé vigoureusement cette horde de brigands avides de butin ; mais qu'enfin, forcés de céder au nombre, l'ennemi est entré dans Roubaix, et que ce bourg est dans ce moment en proie à toutes les horreurs d'une ville prise d'assaut. Depuis deux heures du matin, on entend sans relâche le bruit du canon et un feu de peloton continu. On a pensé assez généralement que cette attaque étoit dirigée contre Roubaix et Lannoy, mais il seroit inouï qu'on vint avec de l'artillerie attaquer des lieux sans fortifications. Il est plus vraisemblable que M. *Beurnonville*, qui commande le camp de Maulde, sans cesse harcelé, ennuyé de cette petite guerre, s'est déterminé à se porter sur Tournay, et qu'il en fait en ce moment le siège. Le tems nous apprendra la vérité ou la fausseté de cette conjecture.

―――

De Lille, 6 septembre 1792.

Il nous a été impossible de pouvoir être instruit au juste des brigandages et des atrocités commis dans la nuit précédente par les Autrichiens, au nombre dit-on de 4 à 5000. Cette horde de misérables, l'exécration humaine, mourant de faim et dépourvue de vêtemens, s'est portée sur Roubaix avec du canon, a tiré sur ce bourg, comme s'il eut été fortifié, et l'a traité comme une ville prise d'assaut. Sans doute, que son but étoit d'en faire fuir tous les habitans, pour le piller avec plus de tranquillité et de sûreté; dans ce cas les scélérats ont réussi en partie, parce que ni le détachement peu nombreux qui y étoit cantonné, ni la garde nationale ne pouvoient s'opposer au torrent de ces brigands avides de butin, ni résister à des volées de coups de canon chargé à mitraille, sans y trouver une mort certaine. Peu de maisons ont été exemptes de leur horrible rapine ; et pour emporter les vols qu'ils s'étoient proposés en attaquant ce lieu, ils s'étoient fait suivre par des charrettes. Se doutant bien que des secours arriveroient pour les punir d'un tel brigandage, dès 6 heures du matin, ils se sont retirés riches de marchandises, de linges et de meubles. Sortant de Roubaix, on dit qu'ils se sont portés sur Lannoy, où ils ont commis les mêmes atrocités.

Ce qui est bien étonnant, et ce qui prouve combien nous sommes à la merci de nos ennemis intérieurs, c'est que les scélérats se portent exactement dans tous les lieux où ils savent qu'ils n'éprouveront point ou peu de résistance. Les habitans des campagnes, alarmés, ont abandonné leurs habitations et se sont retirés à Lille avec les effets qu'ils ont pu emporter. Nous aurons vraisemblablement pour demain des détails plus circonstanciés, qui nous mettront à même de rendre compte plus sûrement de ce terrible évènement.

De Lille, 7 septembre 1792.

La journée de hier nous a amené au moins soixante à quatre-vingts déserteurs autrichiens. Une compagnie de quarante-cinq hommes est entrée en ville avec armes et bagages. Cette troupe avoit causé une telle alarme dans les environs des villages d'où elle avoit été apperçue que le le cultivateur fuyoit son habitation avec ses effets, et déjà l'on publioit en ville que l'ennemi étoit à nos portes. Il est vrai que voulant devenir nos pensionnaires et redoutant de rencontrer nos patrouilles, ils cherchoient à gagner Lille à travers les bois et les champs. Leur nombre et cette marche suspecte faisoient craindre, avec raison, que ce ne fût l'avant-coureur de quelque fort détachement qui s'avançoit pour exercer sur notre territoire, les pirateries, les vols et les brigandages qui sont si familiers à ces hordes. Peu après, les chasseurs belges ont amené huit prisonniers.

On évalue le pillage, les vols et les dommages que ces brigands ont fait et causé au bourg de Roubaix, au moins à 600.000 livres. Ils se sont ensuite emparé de Lannoy, qui étoit sans défense ; après y avoir commis les mêmes brigandages, on dit qu'ils s'y sont fortifiés et obligent les paysans de travailler à élever des retranchemens. Cette nuée dévastatrice de coquins, épaisse, assure-t-on, de 15.000, a étendu ses ravages de tous côtés sur notre territoire. A Sailly, à Quesnoy, à Comines, partout ils ont commis les mêmes déprédations. A Comines, ils ont pillé les principales maisons des patriotes, parmi lesquelles celles du curé, du maire et du marchand de chapeaux et d'étoffes l'ont été de fond en comble. Enfin, c'est dans ce moment que la perfidie du ci-devant pouvoir exécutif doit exciter l'indignation des bons citoyens. Si nos troupes avoient continué leur conquête dans les provinces belgiques, nous ne serions pas exposés aujourd'hui à de telles horreurs.

De Lille, 8 septembre 1792.

La France est couverte d'hommes d'armes, les citoyens volent de toute part à la défense de la liberté, excepté sur nos malheureuses frontières qui sont absolument à la merci d'un ennemi cruel et brigand ; du moins les secours qu'on y envoie sont si petits qu'il est impossible qu'ils puissent résister à leur nombre. Le tableau des dévastations qu'il commet de toute part est effrayant. Il est venu surprendre

Roubaix en nombre de 3 à 4000, dans la nuit du mardi au mercredi. Il a battu de quatre côtés ce bourg où il n'y a que de faibles barrières, avec six canons et un obusier, comme si c'eut été une place fortifiée. La brave garde nationale et un détachement de 100 hommes qui y est cantonné, lui ont tenu tête pendant plus de deux heures ; ils sont bien parvenus par cette vigoureuse résistance à délivrer la terre d'un assez grand nombre de ces monstres ; (eux n'ont perdu que 3 hommes, dont un sergent canonnier); mais, manquant de munitions, et l'ennemi voyant que leur feu se ralentissoit, il a cherché à les tourner, et c'est dans ce moment qu'ils ont été forcés d'abandonner le champ de bataille. Les brigands alors ont fait quelques prisonniers.

Maîtres de la place, ils se sont livrés au pillage, sans épargner ni pauvre ni riche ; ce qu'ils n'ont pu emporter ils l'ont brisé. Les métiers de la célèbre fabrique de Roubaix ont été mis en pièces ; les vastes magasins des riches fabricans, qui occupoient un grand nombre de bras, sont devenus leur proie, et les marchandises chargées sur des chariots à leur porte, les chevaux et les autres bestiaux, les meubles, l'argenterie et l'argent monnoyé, les bijoux, le linge, les assignats, tout enfin a été enlevé et emporté. Ce bourg, si riche, si renommé par son commerce, est réduit aujourd'hui à la plus extrême misère, et ceux qui auroient pu secourir le pauvre se sont enfuis. Les brigands, sortant de Roubaix, se sont portés sur Lannoy, petite ville peu éloignée, qu'une autre bande avoit également assiégée de la même manière et y avoit commis les mêmes brigandages et les mêmes horreurs. Réunis, ils ont fait plus ; voyant que personne ne s'opposoit à leur entreprise, ils s'y sont établis et dans ce moment ils forcent le malheureux paysan à y élever des retranchemens. Pendant ces exploits, une autre colonne non moins nombreuse se portoit sur Quesnoy et Comines. Dans Comines, l'ennemi a trouvé une vigoureuse résistance, et la garde nationale, jointe au détachement de ligne qui y étoit cantonné, auroient immanquablement repoussé ou détruit peut-être ces brigands ; mais on est venu les informer qu'une colonne ennemie venant d'Ypres s'avançoit à pas redoublés sur eux ; ils ont alors été obligés de subir le même sort des braves Roubageois, les maisons ont été pillées sans miséricorde, les meubles, effets, linge, marchandises, ont été emportés sur terre ennemie, où il s'est trouvé de ces exécrables recéleurs qui les ont achetés, nous ne dirons pas à vil prix, parce que cela désigne au moins une valeur, mais pour rien. On a vu donner des assignats de 100 liv. pour une couronne (6 liv.), des chapeaux volés chez un marchand chapelier pour 3 sols, des 10 à 12 pièces de satin-turc, de callemande, pour une couronne ; enfin, pour 3 ou 4 sols l'aune de ces étoffes. Dans les villages des environs de ces lieux dévastés, les scélérats forcent le paysan de battre son bled, le chargent sur les chariots des fermiers et l'emmènent avec leurs chevaux qui deviennent ainsi leur proie. Les scélérats mènent avec eux des femmes qui leur servent à dévaliser les maisons, pendant qu'ils tiennent le pistolet et le sabre sur la gorge de leurs infiniment malheureuses victimes. Enfin on ne tariroit pas s'il falloit décrire tous les excès de ces horribles manœuvres que le ciel, sans injustice, ne peut se dispenser de punir dans son courroux.

.·.

Différentes municipalités de ces pays déjà dévastés ont reçu une sommation, de la part des chefs de ces brigands, pour qu'elles aient à faire amonceler en un lieu indiqué, les armes des gardes nationaux et autres, pour tel jour et telle heure, sous peine d'être incendiées. Nous avons assez bonne opinion de certains bourgs et villages, dont le patriotisme n'a jamais varié, pour croire qu'ils n'en feront rien.

.·.

Hier, un bruit qui s'est répandu que les clefs des souterrains avoient été emportées, a causé quelques mouvemens. Les citoyens se sont portés à la maison commune, pour demander à la municipalité de vérifier le fait. Nous ignorons s'il est vrai, mais il est certain que tous les serruriers ont été employés à réparer les serrures. On accusoit dans le public MM. les officiers du génie, nous sommes requis, de la part de M. *Garnier*, lieutenant-colonel, et de M. *Marescot*, capitaine de ce corps, de l'informer qu'ils n'ont jamais été chargés de ce dépôt. Sur le soir, un détachement de grenadiers de la garde nationale est allé chercher les clefs des portes de la ville, chez M. le commandant de la place, pour les déposer à la maison commune, sous la garde des citoyens armés.

.·.

Une chose inconcevable, c'est qu'il est encore arrivé hier au moins 100 déserteurs, et que ces hommes, qui viennent chercher une existence libre parmi nous, fassent partie de ceux qui dévastent, pillent et volent nos malheureux frères de la frontière. Cela nous fait croire que le produit de leur rapine leur sert pour se garantir de la faim, jusqu'à ce qu'ils se soient procuré une existence certaine. En ce cas, tout malheur est bon à quelque chose, si l'on observe surtout que la désertion a été plus nombreuse cette semaine que dans tout autre tems.

———

De Lille, 9 septembre 1792.

Dans ce moment, les commissaires nommés par les sections pour procéder à la visite des armes qui se trouvent chez les citoyens, sont occupés de cette pénible tâche. Hier on a procédé à la visite des souterrains et de l'artillerie.

Un fragment du régiment de Diesback suisse faisoit encore le service. Quelques-uns d'eux avoient monté la garde hier ; vers trois heures, ils ont été relevés par des Belges et des grenadiers soldés. Ce matin ils seront décidément licenciés et remettront leurs armes à un commissaire, qui leur en payera la valeur.

Sur le bruit qui s'étoit répandu que les clefs des souterrains de nos fortifications avoient été enlevées, on avoit jetté de terribles soupçons sur la conduite de Monsieur le maréchal-de-camp *Ruault*, qui commande la place. Cet officier-général s'est pleinement justifié hier dans un conseil de la commune, et tout le monde s'est empressé de lui rendre cette confiance qu'il a justement acquise dans le poste important qu'il occupe. Quelques déserteurs sont encore arrivés.

Hier, toute la ville a été illuminée sur une invitation de la municipalité.

———

De Lille, 10 septembre 1792.

Les Autrichiens, toujours parfaitement bien instruits des démarches de nos détachemens, viennent constamment porter l'effroi dans nos campagnes, partout où ils savent qu'ils ne trouveront aucune résistance à leur actif brigandage. M. le maréchal-de-camp *Ruault*, commandant de la place, instruit que quelques voltigeurs ennemis avoient été apperçus dans la journée de samedi, aux environs d'Hellemmes, envoya la nuit suivante 60 chasseurs belges avec un canon, faire un bivouac, protégé par le canon de nos remparts. Hier matin, ils virent une colonne ennemie, au moins de 400 hommes de cavalerie et 1200 fantassins, s'avancer sur eux. Ces intrépides Belges, semblables à la salamandre qui vit dans le feu, ont la témérité d'attaquer cette masse de satellites et arrêtent le cours de sa marche. Au bruit du canon, un détachement de nos troupes de ligne, qui avoit aussi bivouaqué dans nos fortifications, s'est aussitôt élancé vers eux pour les soutenir, puis des secours partis de Lille s'y sont également portés; de manière qu'en peu de tems 700 hommes de toutes armes de notre garnison ont été réunis dans la plaine d'Hellemmes, avec quelques canons, pour donner la chasse à ces sauterelles du despotisme. MM. les lieutenant-colonels des 6me et 15me régimens se sont mis à la tête de cette troupe; ils l'ont disposée en échelons à l'entour du bois, croyant que les brigands, suivant leur usage, s'y étoient tapis. Mais les 60 Belges, soutenus par le détachement qui avoit bivouaqué dans nos fortifications, avoient déjà donné la chasse à cet amas d'insectes malfaisans; de manière qu'après avoir battu le bois sans succès, nos troupes sont rentrées à nuit close avec tout le regret que le courage inspire de n'avoir pu fertiliser nos guerets d'un sang limoneux, qui donne la vie à des hommes stupides qui méconnoissent leur nature. Ils ont fait prisonnier un sergent belge. Cet homme courageux est vraiment regretté. Son arrêt de mort est prononcé par un ennemi barbare, qui n'a jamais su connoître la générosité, et dont l'unique jouissance est de se baigner dans le sang humain. Deux autres Belges ont été portés à l'hôpital, cruellement maltraités. L'ennemi a considérablement souffert. S'il faut en croire le rapport de quelques paysans, ils ont rencontré plusieurs chariots s'acheminant vers Baisieux, chargés de morts et de blessés. Nous avons fait un prisonnier. Les deux commandans lieutenant-colonels ont laissé, entre Fives et Hellemmes, un bivouac de 25 hommes de cavalerie et 100 d'infanterie, avec une pièce de canon, commandé par un capitaine du 15me régiment. Ce bivouac est en seconde ligne du poste de Flers, renforcé par un détachement, aussi commandé par un capitaine du 15me régiment. Pendant cette expédition au dehors, la garde nationale de Lille s'est mise sous les armes à ses rendez-vous respectifs, où elle a attendu jusqu'à cinq heures du soir les ordres pour voler à l'ennemi, si son ardeur avoit été utile pour le repousser. Une compagnie nombreuse de déserteurs, tous déguisés en paysans, est arrivée hier dans la matinée, et l'après-midi nous en avons vu arriver 15 ou 16 aussi déguisés en paysans. Les Autrichiens occupent toujours Lannoy. Ils forcent les villages des alentours à leur fournir tous les jours 300 hommes pour travailler à des retranchemens qu'ils élèvent dans cette petite ville : ces malheureux éprouvent dans ce moment la peine dûe à leur faute. S'ils s'étoient levés avec courage pour se défendre contre la tyrannie du despotisme, ils n'en supporteroient pas avec tant d'angoisse le joug.

De Lille, 11 septembre 1792.

Notre garnison a été augmentée hier par l'arrivée du bataillon de l'Eure ; sous peu de jours elle sera formidable, car on y attend 10 à 12000 hommes, et en outre on parle qu'il sera établi trois camps dans ses environs. On approvisionne la ville de vivres ; les farines, les bestiaux, les viandes salées, arrivent journellement en abondance. On commence à abbattre tous les arbres en-deçà et à la portée du canon des premières avancées, et les maisons qui pourroient servir de retraite à l'ennemi, ou qui offusquent la vue dans la plaine, seront rasées. Les déserteurs arrivent toujours en foule. Les Autrichiens occupent Saint-Amand. Ceux qui sont à Comines viennent de jouer une petite tragicomédie assez singulière. Après qu'ils ont eu fait le sac de cette petite ville, un conseil de guerre s'est assemblé et a condamné trois malheureux tyroliens à être battus de verges pour cause de pillage ; mais les juges ont gardé les effets volés.

De Lille, 12 septembre 1792.

Plus de courrier de Strasbourg, Verdun et route, celui de Valenciennes n'étoit pas non plus arrivé hier soir. Hier, vers deux heures de l'après-midi, on a battu la générale, tous les citoyens armés se sont rendus à leurs rendez-vous respectifs et les troupes de ligne, de toutes armes, sur la grand'place. Voici ce qui a donné lieu à cette subite alerte : Le 3me bataillon étoit parti le matin de Douay pour se rendre à Lille. Sans méfiance, il n'amène pas avec lui ses canons, et peut-être ses fusils n'étoient-ils pas chargés.

Arrivé dans le village de Fâches, à peu de distance de Lille, il fait halte pour se rafraîchir et se mettre à l'abri du mauvais tems. 5oo Autrichiens à cheval, informés du passage de cette troupe (nous l'avons déjà dit mille fois, l'ennemi est exactement instruit de tous nos mouvemens), sont venus le surprendre dans le moment où il étoit éparpillé et l'ont dispersé encore davantage. Le commandant a pris la fuite et est arrivé seul, avec le drapeau à Lille. On dit qu'ils nous ont fait une trentaine de prisonniers, et le reste du bataillon est arrivé, les uns sans armes, les autres sans sacs, enfin tous dans le plus grand désordre. Voilà une de ces insouciances contre l'ordre et la discipline que les officiers doivent avoir à se reprocher.

Si la troupe avoit été réunie, avoit eu à sa tête ses canons et ses armes chargées, il n'est pas douteux qu'elle seroit entrée à Lille triomphante avec quelques trophées de dépouilles de l'ennemi. Avant-hier au soir, il est arrivé un autre bataillon qui n'a heureusement pas eu la même rencontre.

. .

Toutes les routes qui aboutissent à Lille sont dans ce moment interceptées. Le courrier de Paris, qui devoit arriver porte ouvrante, a été forcé de rebrousser chemin, ainsi que la diligence...

Lille, le 13 septembre 1792, l'an 4ᵉ de la liberté, 1ᵉʳ de l'égalité.

Nous venons de lire, Monsieur, dans votre numéro CCLVI, l'article de Lille, dans lequel vous parlez de l'évènement arrivé au 3ᵐᵉ bataillon du Nord. Vous en avez été très mal informé, et certes le détail que l'on vous en a fait, est d'autant plus partial, que tout ce que vous en dites est faux. Comme il est de l'honneur du bataillon de ne laisser aucun doute sur son courage, sa discipline et son amour pour la liberté et l'égalité, nous avons celui de vous donner au vrai tous les détails de cet évènement. Nous reçûmes l'ordre à Valenciennes le 9 d'en partir le 10, pour aller loger à Douay, et le lendemain de nous rendre à Lille, où nous devons rester en garnison, jusqu'à nouvel ordre. Nous n'avons été instruits, pendant toute notre route, d'aucun mouvement de l'ennemi, et sans le craindre, toutes les précautions les plus sages ont été prises par les chefs, pour préparer la troupe à repousser l'ennemi, s'il venoit nous attaquer. Nous n'amenions pas avec nous nos canons ; l'ordre que nous a donné le lieutenant-général *Moreton*, avant notre départ, de les laisser à Valenciennes, et dont nous joignons ici copie en est cause :

Copie de l'ordre donné au commandant du 3ᵐᵉ bataillon du Nord, par M. *Moreton*, lieutenant-général, commandant la frontière du Nord à Valenciennes :

Attendu la nécessité urgente de mettre sans délai la ville de Valenciennes, en état de défense, M. le commandant du 3ᵐᵉ bataillon des volontaires du département du Nord laissera à Valenciennes son artillerie, ses canonniers, volontaires et autres, ainsi que les effets de campement ; il déposera ses canons et caissons à l'arsenal, et ses effets de campement au magasin de l'hôpital général. Aujourd'hui 9 septembre, à 6 heures du soir. Fait au quartier général à Valenciennes, le 9 septembre 1792, l'an 4ᵉ de la liberté.

Le lieutenant-général commandant la frontière du Nord,
Signé : J. H. Moreton.

Pour copie, conforme à l'original, déposé ès mains des membres du conseil d'administration.

Baillon,
secrétaire du conseil d'administration

Vous doutez que nos fusils eussent été chargés, cela est faux, ils l'étoient. Ce n'est pas à Fâches que le bataillon fit halte pour se rafraîchir, mais bien à Pont-à-Marcq, où il n'y avoit plus tant à craindre de la part de l'ennemi ; encore, si le commandant l'a fait faire, ce fut plutôt pour attendre les volontaires qui étoient restés en arrière, et faire avancer nos équipages qui y étoient aussi, que pour leur donner le tems de se reposer. Cette halte fut courte et servit à rallier le bataillon, qui continua sa route dans le meilleur ordre possible qu'on pouvoit exiger d'une troupe fatiguée, marchant par un mauvais tems, et non éparpillée, comme vous le dites. Le commandant n'a pas pris la fuite, comme vous le dites encore ; mais à notre sollicitation, il a pris le drapeau pour le sauver, car l'ennemi s'en seroit emparé, s'il n'étoit accouru le déposer entre les mains de la municipalité de cette ville. Nous ne savons pas encore notre perte, et vous, M., vous l'estimez à une trentaine de prisonniers : si vous en êtes plus amplement informé que nous, au moins vous l'êtes plus mal. Il est bien vrai que quelques-uns de nos soldats sont arrivés ou sans armes, ou sans sacs ; mais vous ne dites pas que c'est l'ennemi qui les a désarmés et dépouillés ; non plus, qu'outre les 500 Autrichiens à cheval qui sont venus nous harceler entre

Lille et le moulin de Lesquin, il y avoit une colonne d'infanterie avec trois pièces de canon à la gauche de la cavalerie. Il n'y a aucune insouciance contre l'ordre et la discipline, que nous ayons à nous reprocher; nous les avons toujours trop aimés : et si ceux qui connoissent notre amour pour eux eussent été rédacteurs de votre feuille, ils eussent été plus justes, plus impartials *(sic)* et plus sensibles. Nous vous prions, M., d'insérer dans votre prochain numéro la lettre que nous avons l'honneur de vous écrire, ainsi que l'ordre de laisser nos canons à Valenciennes. Nous avons celui d'être, bien sincèrement, M., vos très humbles et très obéissans serviteurs ;

Les officiers, sous-officiers, et soldats du 3me bataillon du Nord, Chemit, *1er lieut.-colon.*, Payen, *lieut.*, Dutrieux, *lieut.*, Baillon, *quartier-maître*, Cardon, *2e lieut.-colonel*, Ruellelbrom, *cap.*, Mouton, *lieut.*, Flanegant, *lieut.*, Muquet, *serg.-major*, Thorel, *offic.*, Bosquet, *lieut.*, Macarez, *cap. fourrier*, Margerinste, *lieut.*, Bétremieux, *capt.*, Claise, *volontaire*, Ivoy, *caporal*, Brouet, *volontaire*, J. Delbare, *volontaire*, Dassomprille, *capt.*, Lyon, *volontaire*, Bara, *volontaire*, D'Atherne, *capt.*, Beghin, *capt.*, Herbage, *capt*, Huguem, *capt.*, Doyer, *sous-lieut.*

De Lille, 13 septembre 1792.

L'ennemi commence à nous cerner. Il occupe, dans ce moment, une grande étendue de terrain sur cette frontière ; mais il ne tardera pas à coup sûr d'en être chassé. Le timide paysan s'imaginoit écarter ses brigandages en allant au-devant de lui ; mais hélas ! il n'éprouve que trop combien le joug du despotisme est au-dessus de ses forces, et l'on voit avec satisfaction qu'il sonne le tocsin, qu'il se lève pour éloigner ces brigands qui sont venus porter le fer et le feu dans sa paisible et modeste chaumière. Les bourgs, villages et hameaux, se réunissent pour s'armer de piques, de fléaux, de fourches et autres instrumens meurtriers pour courir sur un ennemi si atroce, qui ne fait la guerre que pour l'amour du pillage, en s'adressant toujours à des familles paisibles et sans défense. On prétend que cette coalition mettra sur pied au moins 20.000 hommes. Si cette sage résolution avoit été prise plus tôt, elle auroit épargné bien des tribulations et sauvé de grandes richesses des griffes infernales d'un ennemi pirate. Elle vient déjà d'être résolue par un grand nombre de communautés du canton d'Haubourdin, le long de la Lys ; et sous peu de jours, il n'est pas douteux que cette réunion fraternelle sera générale. Il nous arrive des troupes à force, et des déserteurs à tous les instans...

De Lille, 14 septembre 1792.

La journée d'hier est une journée bien consolante pour tous les bons citoyens. On a vu enfin, l'habitant de la campagne, las des vexations d'un ennemi despote et cruel, qui semble n'avoir déclaré la guerre qu'à la timide faiblesse isolée, se lever avec énergie et jurer de le repousser de son territoire, et même de le poursuivre pour lui faire regorger les pillages et les vols sans nombre qu'il est venu commettre les armes à la main sur cette frontière. On a vu des légions armées de ces braves gens, venir demander aux officiers supérieurs, au district, à la municipalité, des chefs pour les conduire au combat, afin de chasser de leur territoire une vermine qui dévore leurs propriétés. On compte dans l'arrondissement de notre district, plus de 130 petites villes, bourgs et villages, sans énumérer ici les succursales et les hameaux, parmi lesquels la population est telle qu'il y en a qui peuvent mettre sur pied 800 à 1.200 hommes de belle jeunesse. Cette sainte ligue qui ne veut point être à charge à la nation, voulant se nourrir et s'entretenir individuellement pendant six semaines, nous assure des moyens sûrs pour déjouer les projets de nos ennemis intérieurs et extérieurs, qui vivent dans l'espoir, s'il faut en croire les gazettes officielles des Pays-Bas, *de ne plus faire la guerre que sur notre territoire.* — Partout où les Autrichiens se sont rendus maîtres, ils ont réinstallé les curés réfractaires, et la baïonnette dans le dos, ils forcent les habitans à quitter leurs travaux pour aller entendre prêcher le meurtre, le carnage, le pillage et la guerre civile. Ces hommes de sang calculent mal, car il n'est plus douteux qu'ils seroient les premières victimes de leur perfidie et atroce scélératesse. Les déserteurs arrivent toujours en foule.

Les Autrichiens qui se sont emparé d'Halluin et Roncq, se sont logés chez les particuliers. Leurs équipages de campement leur arrivent à force, et si l'on ne cherche à les chasser de ce canton, il y a apparence qu'ils camperont incessamment dans la plaine qui s'étend de Roncq à Neuville, laissant derrière eux les bois. Ah ! si partout les habitans de la frontière, s'étoient montrés, comme viennent de le faire ceux de Quesnoy, qui ont repoussé avec vigueur la horde qui venoit leur poser le joug de l'esclavage sur le col, ils se seroient épargnés toutes les tribulations auxquelles ils sont exposés dans ce moment, et qui ne sont encore que le prélude de plus grands maux.

De Lille, 15 septembre 1792.

Les braves habitans des environs de Lille arrivent en foule, ils demandent à marcher contre l'ennemi-brigand qui vient désoler leurs familles et dévorer leurs propriétés, ils se promettent bien de prendre leur revanche. Quelques déserteurs sont encore venus se ranger sous les drapeaux de la liberté et de l'égalité. — Hier soir, la diligence d'Arras et celle de Paris n'étoient pas encore arrivées. On dit que celle de Paris avoit été arrêtée par une bande de brigands, qui la conduisoit à Orchies avec les voyageurs, mais qu'un détachement de nos braves hussards du 3me régiment en ayant été informé, a couru sus, et que l'ayant apperçu, les Autrichiens ont pris la fuite en abandonnant leur capture.

De Lille, 16 septembre 1792.

L'ennemi a osé s'avancer vers le matin à la portée du canon de nos remparts. Celui d'alarme a tiré, la générale a battu, et aussi-tôt il a tourné bride et s'est enfui.

De Lille, 17 septembre 1792.

L'ennemi s'est avancé jusqu'au Pont-à-Raches, à une lieue de Douay. Un poste de la garnison de cette ville, quoique bien inférieur en nombre, qui y cantonne avec

2 canons, les a reçus avec tous les honneurs de la guerre et a fini par faire 25 à 30 misérables casquettes prisonniers, parmi lesquels se trouve le capitaine. Pendant la nuit, une autre bande nombreuse à pied et à cheval, venant de Tournay, est passée dans le village de Bouvines. Les meurs-de-faim qui la composoient se sont contentés de faire lever les habitans pour les mettre à contribution pour cette fois de chacun une *tartine*. Le chef seul a fait faire du café dans une auberge où logeoit un de nos facteurs, et a généreusement payé son repas un double escalin. — Hier, un bataillon de 800 volontaires de la Charente, est arrivé pour grossir notre garnison. Nous pouvons assurer aujourd'hui que d'ici à la fin de la semaine, il nous arrivera, tant ici que dans les environs, au moins 20 mille hommes. Sur le soir on a arrêté et conduit au poste, un ci-devant *homme comme il faut*. A en juger par ses réponses embarrassées à l'interrogatoire qu'on lui a fait subir, nul doute qu'on ait assigné, à lui et à son valet, chacun un logement plus sûr que commode. Il arrive toujours de nouveaux pensionnaires à la nation.

. .
.

Hier, un officier de cavalerie, excellent patriote, voulant aller à la découverte de l'ennemi, sans pourtant être commandé, fait la rencontre de 2 hussards et les prie de l'accompagner. Cet excellent officier s'étant trop exposé a été bientôt investi par l'ennemi qui l'a fait prisonnier. Un certain nombre des préposés aux douanes nationales seront cassés de leurs fonctions. Une partie de ces scélérats servoient d'espions à l'ennemi au lieu de nous informer de ses invasions sur notre territoire.

De Lille, 18 septembre 1792.

Hier, le régiment ci-devant Orléans, infanterie, est arrivé pour faire partie de notre garnison déjà nombreuse. Aujourd'hui, demain, il arrivera encore de nouvelles troupes et ainsi journellement. Tous les quartiers étant occupés, on les logera dans les ci-devant maisons religieuses. Orléans est allé s'établir au ci-devant collège de Saint-Pierre. Les Autrichiens qui nous ont nargués, qui ont vexé et dépouillé les habitans de l'extrême frontière, dont une grande partie n'a pas eu le courage de les repousser, commencent à être un peu inquiets dans leur position actuelle. Ils voient bien que le moment approche où nos troupes prendront la revanche de tant de forfaits, qu'elles puniront les brigands qui s'en sont souillés et les infâmes recéleurs qui achetoient d'eux le fruit de leurs rapines une couronne ce qui en valoit 100. Ils s'attendent, les misérables, à être incessamment chassés ; car leurs préparatifs d'attaque commencent à se ralentir, et lorsqu'ils apprendront, par leurs fidèles espions, que nos forces s'apprêtent à aller les cingler, ils déguerpiront très certainement à la sourdine. Accoutumés de combattre et de piller le timide villageois sans défense, ils fuiront pour retarder la juste vengeance qui ne peut les échapper.

On a emmené hier trois espions, dont un ecclésiastique : celui-ci a reçu quelques maltraîtemens du peuple, mais ce dernier, soumis à la loi qui l'a réclamé, l'a abandonné à sa vengeance. Un scribe de Roubaix, arrêté pour le même crime, a été conduit chez le juge de paix, qui, après un long interrogatoire, l'a envoyé en prison. On dit que ce malheureux a osé se charger d'un ordre de l'Autrichien, chef des brigands qui sont dans Roubaix, pour venir réclamer un particulier de ce bourg qui est en prison pour quelques méfaits : le peuple irrité d'une si atroce audace, vouloit justicier ce misérable qui n'a dû son salut qu'à une patrouille du 3ᵐᵉ régiment d'hussards qui rentroit en ville, et à une compagnie de garde nationale, qui, enfin, sont parvenus à lui faire passer le guichet.

. . .

Tous les employés à la douane nationale devenant inutiles sur la frontière, puisqu'elle est gardée par les Autrichiens, ont reçu l'ordre de se rendre à Lille. Ils se rassemblent en ce moment dans la maison de la ci-devant communauté des sœurs-grises, où on les organisera pour aller combattre l'ennemi, et servir par ce moyen utilement leur patrie.

———

De Lille, 20 septembre 1792.

Mardi, les Autrichiens en force se sont portés de nouveau sur le Pont-Rouge et Quesnoy. Le tocsin a sonné de toutes parts et bientôt les valeureux cultivateurs se sont rendus en armes au rendez-vous ; mais les secours ne sont pas arrivés assez tôt pour empêcher d'emmener douze paysans qui ont été surpris dans leur corps de garde, et de tuer un jeune tambour qui battoit la générale. Hier, ces braves habitans de la campagne doivent avoir marché en nombre, ayant le commandant de la garde nationale d'Armentières à leur tête, homme courageux et intelligent qui a servi dans les troupes de ligne, sur le territoire ennemi, pour enlever 28 paysans autrichiens et les emmener prisonniers, jusqu'à ce qu'on leur renvoie leurs frères. Dans l'après-midi 300 volontaires soldés sont partis pour Armentières. C'est de ce côté que l'ennemi semble vouloir voltiger de préférence, par une sorte de vengeance de ce qu'il a été repoussé vertement par les gardes nationales de ce canton, lorsqu'il a osé venir y troubler la paix et le bon ordre qui y règnent.

———

De Lille, 21 septembre 1792.

L'ennemi nous cerne toujours et tant qu'il saura que nous ne sommes pas en force pour le repousser, il désolera les habitans de nos campagnes. Il s'attend pourtant bien à être chassé incessamment de notre territoire, puisqu'il a la précaution de tenir ses équipages et le butin provenant de ses vols chargés sur des voitures toujours prêtes à partir, et qu'il somme les municipalités de lui fournir des denrées, avec menace d'exécution militaire. Hier, le chef qui commande les brigands qui sont à Halluin, a sommé le maire du lieu de lui fournir, dans deux heures, 8,000 bottes de paille de 12 livres chaque. Ce digne magistrat du peuple s'est d'abord excusé sur l'impossibilité de répondre à la demande, mais, vaincu par les menaces, il a demandé six heures pour rassembler sa commune, et il a profité de ce court espace de tems pour s'enfuir à Lille.

Hier, le bataillon des volontaires d'Hazebrouck et celui du Calvados sont entrés dans nos murs. On a logé le premier au couvent des ci-devant capucins, et l'autre à celui de ci-devant Saint François de Sales. Une troupe d'au moins 2000 hommes à pied et à cheval s'est portée dans l'après-midi sur Hellemmes. 30 chasseurs belges ont repoussé les brigands soldés, en ont tué deux ou trois et blessé un autre. Arrivés à Ascq, un espion les ayant sans doute trompés, en les informant qu'ils étoient poursuivis, ce qui n'étoit pas vrai, par des troupes françoises, la cavalerie a pris la fuite ventre à terre et a laissé son infanterie en arrière.

———

De Lille, 22 septembre 1792.

Hier au soir un des bataillons de la Seine-Inférieure est arrivé ici. Un fort détachement s'est porté sur Armentières avec du canon, ce matin il en est parti un autre pour Quesnoy avec le même attirail de guerre.

A coup sûr les satellites du despotisme qui vexoient sans cesse les citoyens paisibles dans ce coin de la frontière, ne s'y présenteront plus, sachant y trouver à qui parler. On a amené de Bouvines un espion ; ce misérable étoit, dit-on, dans les douanes nationales. Plusieurs particuliers suspectés d'incivisme, et convaincus, ou peu s'en faut, d'entretenir correspondance avec nos ennemis extérieurs, ont été arrêtés et incarcérés.

. . .

La bombe est prête à éclater. Nous ne tarderons pas à être vengés, avec usure, des brigandages sans nombre qui ont été exercés sur cette frontière depuis quelque tems par les satellites de l'hideux despotisme. Demain peut-être serons-nous en état de mettre sous les yeux de nos lecteurs le récit de quelques évènemens que la prudence nous fait taire aujourd'hui.

———

De Lille, 23 septembre 1792.

Aujourd'hui c'est avec un transport de joie que nous annonçons qu'Ypres, Menin et Courtray sont encore une seconde·fois en notre pouvoir. Le brave général *Carles* qui commande à Dunkerque, a rassemblé à petit bruit une armée formidable, qui, après une marche forcée de 3 jours, s'est emparée, dans la nuit du vendredi au samedi, de ces villes que le perfide pouvoir exécutif nous avoit fait évacuer. Cette nouvelle conquête vaut bien celle de Roubaix, Lannoy, Orchies, Saint-Amand, etc... annoncée avec tant d'emphase dans un bulletin officiel et extraordinaire, par ordre des *Gouverneurs Généraux*. Ce terrible et présomptueux bulletin officiel est une vraie histoire renouvelée des rêveries des Grecs, tissue de marches, de contre-marches, dirigées scientifiquement par des généraux, des majors, des comtes, etc..., etc... et par dessus tout, d'impudens mensonges de cour. Pourquoi faire ? pour venir s'emparer de quelques petites villes sans fortifications, de quelques bourgs et villages sans défenses, avec 8 à 10 hommes et une artillerie proportionnée, pour faire brèche à des hayeures ! Nous espérons bien, le droit des gens le veut ainsi, que les François se ressouviendront des pillages, des vols, des sommations insolentes et mille autres brigandages de cette nature, pour faire rentrer sur notre territoire les grains, les fourrages, les chevaux et autres bestiaux que ces brigands ont enlevés à nos foibles et isolés cultivateurs. Hier, de forts détachemens de notre garnison se sont portés vers Quesnoy et Armentières, avec 10 pièces de canon. Vers 5 heures du soir on a entendu, à Lille, ces bouches à feu vomir la mort et l'effroi parmi cette vermine infecte qui a osé venir souiller le sol de la liberté et de l'égalité.

Au moment, où nous rédigeons cet article, dans le silence le plus profond, à une heure du matin, nous entendons de notre cabinet, malgré les mauvais tems, gronder le canon assez vivement.

De Lille, 24 septembre 1792.

Hier il est arrivé un bataillon de volontaires soldés. On attend aujourd'hui un plus grand nombre d'hommes encore. Ainsi que nous l'avons dit hier, nos détachemens qui se sont portés sur les bords de la Lys, ont repoussé l'ennemi jusqu'à Warneton. Ils se sont rendus maîtres du Pont-Rouge et du Bac. Les maisons qui servoient de retraite ont été incendiées sans miséricorde; plusieurs de ces victimes du despotisme ont trouvé la mort dans les flammes. Hier nos gens poussoient leur conquête plus avant. A 5 heures du soir, ils attaquoient Warneton, avec une valeur qui ne laisse pas douter que ce lieu ne soit en ce moment en leur possession. L'ennemi qui occupe depuis quelque tems les postes de Lannoy, Roubaix, Tourcoing, etc... se dispose à les évacuer. Il commande des chariots de corvée, pour emporter le pillage et les équipages sur leur territoire. On semble révoquer en doute que l'armée de M. *Carles* soit entrée dans la West-Flandre. Nous avons rapporté hier la nouvelle des prises d'Ypres, Menin et Courtray, non seulement sur le bruit public, mais encore sur le récit du maire d'un village peu éloigné de cette première ville. Le tems seul peut nous apprendre si cette nouvelle n'est pas controuvée. On dit que M. *Dumouriez* a fait prisonnier de guerre un régiment de dragons autrichiens.

Lille, 24 septembre 1792.

Hier, il y a eu grande parade, chaque bataillon ayant en tête son drapeau déployé. La loi qui prononce la peine de mort contre tout citoyen qui parleroit de rendre une place assiégée, a solennellement été publiée [1]. MM. les commissaires-députés sont attendus aujourd'hui à Lille.

A l'auteur de la Gazette du département du Nord.

De Beauprez, le 24 septembre 1792.

Monsieur,

Le 24, 9 heures du matin, nous avons appris tout à coup que les hulans étoient à Noyelles et à Emmerin, ce dernier village distant de 400 pas de Beauprez-Notre-Dame.

Mon premier soin fut de faire atteler ma voiture et d'y faire monter bien vite ma femme, ma nièce et mon domestique, pour les conduire à Haubourdin ; je suivois à pied. Sur la route de Beauprez à Haubourdin, qui forme un demi-quart de lieue de distance, nous nous sommes trouvés enveloppés derrière et devant. Deux hulans sont venus, sabres et pistolets en mains, fouiller ma femme dans sa voiture. Elle avoit pris son portefeuille et le mien, ainsi que son argent. Ils lui ont tout volé, le pistolet sur la gorge, et ont pris la fuite. La situation de ma femme fait frémir,

---

[1] Cette information et la précédente ont été reproduites par le *Moniteur universel*.

celle de ma nièce est moins dangereuse. Cette scène a été vue de 20 personnes.

J'ai l'honneur d'être, etc.

Dinet, habitant de Loos.

Nota. — Ma femme avoit aussi son argenterie, ils ne l'ont pas voulu prendre.

———

De Lille, 25 septembre 1792.

Hier la ville a été en mouvement depuis le matin. MM. les commissaires-députés étoient attendus. La garde nationale et les troupes de ligne se sont mises sous les armes, en grande tenue, pour honorer en eux la majesté de la souveraineté du peuple. Mais ils ne sont pas arrivés. Ils ont sagement prévu le danger où ils se seroient exposés sur les routes, qui sont en ce moment infectées par l'ennemi. 60 hulans sont entrés dans la petite ville de Seclin et ont sommé la municipalité de fournir dans un tems limité, une certaine quantité de grains et de paille. Dans l'après-midi, les Autrichiens se sont avancés jusqu'à Haubourdin. On est venu chercher des secours à Lille, et la garde nationale qui étoit sous les armes a marché contre ces brigands, qui s'étoient déjà retirés.

———

De Lille, 26 septembre 1792.

Les Autrichiens sont venus se loger au faubourg de Fives. Ce faubourg, couvert de maisons qui auroient dû être détruites, sert dans ce moment de retraite à ces brigands, qui ont tiré toute la journée sur la ville. Le canon de nos remparts doit en avoir détruit beaucoup. M. *Chabot*, officier d'un grand mérite dans le 15ᵉ régiment, a reçu un coup de feu dans le flanc et est mort peu d'heures après sa blessure. Il y a eu quelques chasseurs belges de blessés. Ces braves sont des lions quand ils sont au feu ; ils s'exposent avec une ardeur et un courage qui tient de l'acharnement. On dit qu'ils ont eu la témérité d'aller bloquer le château de M. *Vanderligne,* rempli de hulans ; à travers une fusillade qui sortoit des fenêtres, ils ont été y mettre le feu. Nous n'avons pas entendu parler que le canon de l'ennemi ait occasionné aucun dégât dans la ville.

―

De Lille, 26 septembre 1792.

Les soldats des despotes, qui sont venus s'établir à Seclin, ont sommé cette petite ville de tenir pour telle heure des logemens prêts pour 800 hommes, de leur fournir 1200 razières de bled et avoine, 4000 bottes de foin et paille ; ils ont ensuite été faire abattre l'arbre de la liberté et sont partis. A l'heure dite, ils sont effectivement arrivés, au nombre de 800 et s'y sont établis. Voici un fait qui nous a été certifié par un ecclésiastique constitutionnel du lieu. On demanda à un membre du ci-devant chapitre de cette ville s'il n'alloit pas prêter le serment décrété par l'Assemblée nationale, à la municipalité de Lille, dont le terme s'est écoulé dimanche dernier ; il répondit qu'il attendoit du monde et qu'il iroit le lundi. Effectivement les Autrichiens sont venus s'établir dans cette cité le lundi.

On dit qu'un de ces ecclésiastiques a eu la cruelle perfidie de conduire à Haubourdin 200 hulans par des chemins de traverse, qu'ils n'auroient très certainement pas pu suivre sans se perdre ; mais le tocsin a sonné à leur approche. Les intrépides et les braves habitans de Santes, de Loos, d'Emmerin se sont levés, les uns avec des fusils, les autres avec des instrumens de labourage, et ont donné la chasse aux brigands.

Hier, dans l'après-midi, les braves chasseurs belges qui défendent le poste du Pont-Rouge ont amené à Lille 9 prisonniers. Ils ont été conduits à la Citadelle. On dit qu'ils ont noyé dans la Lys une quarantaine de casquettes [1].

De Lille, 27 septembre 1792.

Notre position est telle que nous sommes absolument cernés par l'ennemi et toutes les routes sont presque interceptées. Le canon a tiré toute la journée d'hier de part et d'autre ; le nôtre a fait un grand ravage, une bombe surtout qui a éclaté au milieu des travailleurs ennemis qui élevoient des retranchemens, en a tué un grand nombre et détruit leur ouvrage. Nous avons eu 5 hommes de tués d'un coup de canon, un bourgeois a aussi perdu la vie. Les intrépides chasseurs belges font des merveilles. Un seul, dit-on, qui s'étoit tapi derrière le pignon d'une maison, a tiré 40 coups de carabine et a tué ou blessé 40 casquettes ; un boulet de canon est malheureusement venu emporter ce brave homme au grand regret de ses camarades. On voit de nos remparts que l'ennemi charge sur des chariots ses

---

[1] Cette information et la précédente ont été reproduites par le *Moniteur universel*.

blessés et ses morts. Les Belges ont été hier au soir mettre le feu dans plusieurs maisons du faubourg de Fives, qui auroit dû être détruit plus tôt, afin de ne pas donner retraite à l'ennemi, qui alors ne se seroit pas approché si près de nos remparts. Ce matin on dit que ce faubourg est tout en feu et presque détruit [1].

* * *

Nous avons été mal informés lorsque nous avons dit dans notre gazette du 23 : Hier au soir (22) on a été obligé d'ouvrir les portes de la ville, pour faire entrer dans nos murs des bataillons qui viennent grossir notre garnison. *Les généraux qui commandent dans la place ont vivement et justement réclamé contre cette erreur involontaire. Nous nous empressons de la rétracter et de dire que nulle puissance ne seroit capable de les obliger de donner des ordres qui pourroient compromettre leur civisme et notre sûreté, d'ailleurs les clefs sont déposées à la maison commune sous la garde vigilante des volontaires nationaux. Nous rétractons aussi formellement la nouvelle controuvée et fausse de l'invasion de nos troupes dans la West-Flandre, rapportée dans la même feuille. Ce qui nous a induit en erreur sur cette nouvelle absurde, exigeroit de nous quelques détails; mais les bornes de cette feuille, ne nous permettent pas aujourd'hui de les placer ici.*

---

[1] Cette lettre est reproduite par le *Moniteur universel*.

De Lille, 28 septembre 1792.

Le résultat de la levée du camp de Maulde est une véritable calamité pour le département de cette frontière. De tous côtés, nous sommes inondés de ces hordes de brigands qui dévastent, pillent et somment les communes. Voici deux de ces sommations où le vainqueur croit avoir acquis le droit d'ajouter l'insulte à ses brigandages ; mais patience, il doit savoir que le sort des armes est aussi inconstant que le thermomètre qui nous indique la variation des tems.

Première sommation. — La municipalité de Linselles publiera à ses habitans que personne ne porte plus les cocardes de la nation françoise, et elle doit répondre de la bonne foi et fidelle conduite, aux armes impériales, de tous ses habitans. Par conséquent, si elle a encore des méchans sujets, il faut qu'elle les nomme à moi, commandant militaire, afin de pouvoir les exiler, et, en cas d'insulte envers les Autrichiens, raser sa maison.

Fait à Linselles, ce 17 septembre 1792.

Signé : le baron DE MYLIUS,
colonel-commandant.

Seconde sommation. — La communauté de Linselles est requise de faire fournir, pour après-demain à midi, six mille gerbes de fourrage, dont ils feront de six bottes une, faisant mille bottes en tout, de 16 liv., qu'ils conduiront à Halluin où on leur dira leur destination ultérieure. Le tout à répartir le plus juste qu'il sera possible sur leur communauté, qui en sera dédommagée sur ses validations.

Fait à Halluin, ce 17 septembre 1792.

Signé : C. DEBRANTEGHEM,
commissaire civil.

Le village, le faubourg de Fives et celui de Saint-Maurice, ne sont plus que des plaines remplies de ruines. Le feu a tout détruit, les malheureux habitans se réfugient dans la ville avec les débris des ameublemens qu'ils ont pu échapper au torrent des flammes et à la rapine des satellites des tyrans. Que le cultivateur doit avoir de regrets de ne s'être pas rendu aux invitations répétées d'apporter en ville sa récolte de grains, sous la protection de la loi ! Il n'auroit pas le double regret de voir périr ses espérances par le feu, ou devenir la proie de ces brigands. Aujourd'hui les alentours de la ville commenceront à être inondés. Le canon du rempart tire sans cesse et très certainement, il doit bien inquiéter ces hordes infectes qui ne manqueront pas de prendre la fuite, lorsque les secours que l'on attend seront arrivés. Enfin c'est une effroyable calamité, qui, si l'on n'avoit pas la certitude qu'elle ne sera que passagère, rempliroit toutes les âmes de désespoir. Valenciennes est exposé aux mêmes horreurs.

Nous apprenons que les Autrichiens ont évacué St-Amand et Orchies : ce qu'il y a de certain, c'est que le courrier de Valenciennes, qui vient d'arriver, a passé par ces villes.

De Lille, 29 septembre 1792.

M. *de Labourdonnais* a dû coucher la nuit dernière à Douay. Suivant l'itinéraire de ce général, il doit être parti ce matin pour Paris, et sous peu de jours il sera de retour sur cette frontière avec des forces imposantes pour chasser cette vermine qui la désole. Hier le canon de nos remparts a joué avec un succès étonnant, car il a cassé bien des *gueules*, et on a vu les brigands se replier sur Lesquin, ne pouvant plus soutenir notre feu. Les volontaires et les Belges ont chassé avec succès les casquettes qui s'étoient rabougris dans des trous et derrière les buissons pendant la nuit, pour les surprendre ; mais ils les ont dénichés en bons chasseurs, en ont tué un grand nombre et sont rentrés le matin en ville avec un canon de l'ennemi. Dans l'après-midi ces braves gens aussi infatigables qu'intrépides ont enlevé un drapeau aux Autrichiens, avec lequel ils sont rentrés en ville, recevant dans leur marche, les applaudissemens les plus flatteurs et les mieux mérités. Ils ont aussi repris un drapeau d'une compagnie de l'arbalète, que ces *sautes buissons* avoient enlevé à de paisibles habitans de village ; fait quelques prisonniers, dont 2 suisses mercenaires, qui ont préféré le service d'un tyran pour s'abrutir de plus en plus sous *la trique*, plutôt que de combattre pour la liberté. On a ramené 3 blessés des nôtres et un mort. Nous n'avons pas entendu dire qu'il y en ait eu d'autres. Il est arrivé quelques déserteurs. Les brigands qui sont cantonnés à Seclin, somment les communes des villages des environs de leur fournir des provisions. La formule de leur sommation est connue, il nous reste à dire de la manière qu'ils la font faire. Un trompette arrive, entre dans une auberge ou un cabaret, il mande la municipalité, et un grand nombre a la lâcheté d'obéir à ce mandat insolent. Il lui remet un placard en françois, où l'aigle écartelé est en tête, qui promet protection et sûreté de la part du tyran autrichien, il finit par demander le recensement des bleds et fourrages du canton, et somme enfin de faire conduire à un lieu désigné, la quantité ou à peu près, de ce que ces hommes, nés pour porter des chaînes viennent de déclarer ; et souvent ni les chevaux, ni les chariots ne reviennent plus [1].

Extrait d'une lettre de Bruxelles, du 28 septembre.
(Source autrichienne)

Depuis le 17 de ce mois, le quartier-général de l'armée du duc de Saxe-Teschen, qui étoit établi à Mons, se trouve transféré à Tournay ; et le même jour, il y est arrivé. L'on n'a pas douté dès lors, qu'il étoit question d'attaquer Lille. Depuis que les François ont levé le camp de Maulde, où nos troupes ont détruit tous les ouvrages que l'ennemi y avoit faits pour le fortifier, et qui l'avoient effectivement rendu respectable, un corps de dix mille Autrichiens campoit à Hellemmes, endroit distant d'une demi-lieue de cette place. Ces jours, différens corps, campés sous les murs de Tournay, sont partis pour aller aussi se poster aux environs de Lille, et nos troupes serrent cette ville de plus en plus. Déjà nos avant-postes sont à la vue de la place, et, par la grande quantité de munitions de guerre et de grosse artillerie que l'on transporte continuellement à l'armée du duc de Saxe-Teschen, il paroît que, quelque avancée que soit la saison, l'entreprise ne sera point différée. L'on vient de commander six cens chariots de paysans, qui doivent partir demain pour Ath, afin d'emmener de là toutes les munitions de guerre qui s'y trouvent, au quartier-général, à Tournay. Le général Dumouriez, en partant pour se porter dans la Champagne, et en retirant ensuite à lui la

---

[1] Reproduit dans le *Moniteur universel*.

plus grande partie des troupes qui couvroient la Flandre et le Hainaut-François, a laissé la frontière entièrement à découvert. La garnison de Lille elle-même étoit si faible qu'elle n'osoit sortir de ses remparts, et qu'à peine osoit-elle envoyer reconnoître l'ennemi. Actuellement elle vient d'être renforcée de trois bataillons de gardes nationaux. Il est aussi entré dans la place des approvisionnemens considérables de toute espèce. L'on s'y met dans un état de défense respectable, l'on abat les arbres et les maisons autour de la ville, qui, en masquant les environs, facilitent les approches. En un mot, l'on n'y néglige rien de ce qui est nécessaire pour faire une longue résistance.

De Lille, 30 septembre 1792.

PROCLAMATION

du Conseil de guerre, tenu à Lille le 29 septembre 1792, à midi, et l'an 1er de la République françoise.

Citoyens, nos ennemis désespérant de s'emparer de cette place par les règles de l'art, vous menacent, pour parvenir au même but, de la bombarder : Citoyens, soyez calmes, souvenez-vous de vos sermens, soyez assurés que la République vous indemnisera de vos pertes, et nos ennemis éprouveront que c'est sans succès que l'on attaque un peuple libre. Par ordre du conseil de guerre,

Signé : POISSONNIER, *secrétaire-greffier.*

Cette proclamation du conseil de guerre fut affichée hier à trois heures de l'après-midi, à la suite d'une sommation que le colonel du régiment *De Latour*, autrichien, accompagné d'un trompette, vint faire vers midi, aux corps administratifs, de livrer la ville aux armes du despote autrichien, sans quoi à trois heures on commenceroit à la bombarder.[1] Effectivement l'ennemi a commencé à nous assiéger à boulets rouges et avec des bombes. Le nombre incalculable qui en est tombé dans la ville n'a causé jusqu'à ce moment que l'incendie de l'église Saint-Étienne, de quelques petites maisons y attenantes, et de deux à trois autres dans la rue Esquermoise. Nos batteries du rempart doivent avoir causé un grand ravage chez l'ennemi ; on assure qu'elles ont démonté deux des leurs. Nous n'avons

---

[1] Voici le texte des sommations faites par Albert de Saxe au Commandant militaire de la ville de Lille et à la Municipalité, ainsi que les réponses qui y furent faites :

« Monsieur le Commandant,

« L'armée de S. M. l'Empereur et Roi, que j'ai l'honneur de commander, est à vos portes; les batteries sont dressées; l'humanité m'engage, Monsieur, de vous sommer, vous et votre garnison, de me rendre la ville et la citadelle de Lille, pour prévenir l'effusion du sang. Si vous vous y refusez, Monsieur, vous me forcerez, malgré moi, de bombarder une ville riche et peuplée que j'aurois désiré ménager. Je demande incessamment une réponse catégorique.

« Fait au camp devant Lille, le 29 septembre 1792.

« ALBERT. »

RÉPONSE DE RUAULT

« La garnison que j'ai l'honneur de commander, et moi, sommes résolus de nous ensevelir sous les ruines de cette place, plutôt que de la rendre à nos ennemis; et ses citoyens, fidèles comme nous, à leur serment de vivre libres ou de mourir, partagent nos sentimens et nous seconderont de tous leurs efforts.

« Le maréchal de camp commandant à Lille,

« RUAULT. »

A LA MUNICIPALITÉ DE LILLE

« Etabli devant la ville, avec l'armée de Sa Majesté l'Empereur et Roi, confiée à mes ordres, je viens, en vous sommant de la rendre,

pas entendu dire qu'aucun citoyen ait été tué ; un pauvre manœuvrier seulement a eu la main blessée d'un boulet. Un de nos voisins a été beaucoup inquiété, une quinzaine de boulets rouges l'ont assiégé pendant la nuit, plusieurs autres maisons ont été également entamées ; nous avons été à notre particulier [2] attaqués par un boulet rouge qui, après avoir percé le toit couvert d'ardoises et un mur mitoyen, est venu tomber à la porte d'une chambre de domestique, et d'un autre dans le jardin ; mais la vigilance du bon voisinage à porter des secours où le feu pouvoit menacer, nous a préservés heureusement de plus grands malheurs.

Lille, 30 septembre 1792.

Comme chacun est obligé, en vertu d'un droit bien légitime, de veiller à ses propriétés et à sa sûreté, nous ne pouvons promettre que cette feuille puisse paraître

---

ainsi que la citadelle, offrir à ses habitans sa puissante protection. Mais si, par une vaine résistance, on méconnoissoit les offres que je leur fais, les batteries étant dressées et prêtes à foudroyer la ville, la Municipalité sera responsable à ses concitoyens de tous les malheurs qui en seroient la suite nécessaire.

« Fait au camp devant Lille, ce 29 septembre 1792.

« ALBERT DE SAXE. »

LA MUNICIPALITÉ DE LILLE A ALBERT DE SAXE

« Nous venons de renouveller notre serment d'être fidèles à la Nation, de maintenir la Liberté et l'Egalité, ou de mourir à notre poste. Nous ne sommes pas des parjures.

« Fait à la Maison commune, ce 29 septembre 1792.

« Le Conseil général de la Commune de Lille,

« ANDRÉ, *Maire*,

« ROUART, *secrétaire-greffier par intérim.* »

2 Le chevalier de l'Espinard habitait la rue de l'Abbaye de Loos, c'est-à-dire notre rue J.-J. Rousseau actuelle.

demain, nos compagnons imprimeurs étant occupés comme nous de veiller à leur sûreté et à celle de leur famille. Au reste, notre maison située dans un des quartiers le plus exposés à la fureur de l'ennemi, nous ne sommes pas assuré si elle ne sera pas un monceau de ruines d'ici à quelques instans.

De Lille, 2 octobre 1792.

PROCLAMATION
du conseil de guerre, tenu à Lille le 1ᵉʳ octobre 1792, l'an 1ᵉʳ de la république françoise.

» *Vous le voyez ! un ennemi ne veut pas vous gouverner, il veut vous exterminer : courage ! redoublez de zèle contre les incendies : envoyez dans les campagnes libres, vos tendres épouses, vos chers enfans, défendez vos habitations des flammes ; soyez assurés, soyez absolument certains que la république, riche de ses vastes domaines et des propriétés des infâmes émigrés, fera rebâtir vos maisons, vous indemnisera de toutes vos pertes ! Le conseil de guerre en prend derechef l'engagement au nom de la nation entière, libre enfin de ses tyrans. Par ordre du conseil de guerre.*
     Signé : POISSONNIER, *secrétaire greffier.*

Depuis samedi 29 septembre, à 3 heures de l'après-midi, l'ennemi le plus barbare, dont la férocité n'est connue jusqu'à ce jour que dans ces contrées où la verge du despotisme, le sceptre ignominieux du tyran les gouverne, nous assiège. 30000 boulets rouges et bombes ont été déjà jettées sur notre cité, sans nous faire pourtant beaucoup de mal, contre l'attente sans doute, des infâmes satellites qui obéissent en vils esclaves, humblement soumis au tyran odieux qui leur ordonne de propager sur la terre l'avilissement de la nature. Ce qu'il y a d'admirable dans cette calamité, c'est que toutes haines particulières, inévitables dans une population nombreuse, ont été oubliées, pour se réunir et ne composer qu'une seule famille. Partout où la bombe éclate, où le boulet rouge pénètre, les secours les mieux ordonnés et les plus actifs préviennent les malheurs qui pourroient en résulter. Quelques citoyens qui n'excèdent pas néanmoins le nombre de 7 à 8, à nous connus, ont été victimes les uns par leur zèle, les autres par leur imprudence. Ces foudres lancées presque toujours sur la même direction ont sans doute causé des dommages ; mais jusqu'à présent ils se bornent à l'incendie d'une église et encore prétend-on qu'on y a mis le feu, et de quelques petites maisons. Le quartier de Fives est celui qui a le plus souffert. Nos batteries du rempart ont extrêmement maltraité l'ennemi. S'il faut en croire un des piqueurs désertés qui conduisoient les ouvrages de leurs retranchemens, 32 voitures chargées de morts, tirées à 4 chevaux, avoient déjà été conduites dès samedi soir à Tournay, et le bruit public aujourd'hui en porte le nombre de 4 à 5 mille, qui ont mordu la poussière ou ont été mis hors de combat. Hier dans l'après-midi, malgré les maux qui nous affligent, la joie et les cris de *Vive la nation*, se sont fait entendre de toute part, à l'arrivée de 3 à 4 mille hommes. Depuis deux jours, on nous annonce *M. de Labourdonnais* avec 25000 hommes, et enfin on nous fait encore espérer d'autres secours [1].

---

[1] Reproduit par le *Moniteur universel*.

Il nous seroit de toute impossibilité de promettre quand notre gazette pourra reparoître. Notre imprimerie et notre maison exposées à la fureur des barbares sont bientôt de haut en bas, un monceau de ruines. Nous ne pouvons dans cette affligeante position, exiger de nos compagnons, un travail assidu, dans un local où ils sont exposés, à tous les instans, à être estropiés et même à perdre la vie. Nous nous bornerons donc en attendant, et jusqu'à ce qu'un trait venimeux de notre farouche ennemi nous ôte la lumière, à faire, autant que possible, un bulletin journalier, qui sera d'une étendue proportionnée aux événemens qui se passent sous nos yeux, de ceux de nos différentes armées et du bulletin du ministre que nous recevons très exactement. Nous satisferons par ce moyen, autant qu'il sera en nous à l'intérêt que prennent nos lecteurs, du dehors surtout, à la pénible situation d'une des places de guerre de premier ordre de la république françoise. Nous pouvons assurer d'avance que l'union fraternelle qui règne parmi les citoyens renfermés dans nos murs, est un sûr garant que l'ennemi ne s'en rendra maître qu'après en avoir exterminé le dernier citoyen.

Copie de la lettre de M. Ruault, maréchal de camp, commandant à Lille, au ministre de la guerre, du 3 octobre 1792, l'an premier de la République françoise.

Monsieur,

Depuis le 29 septembre à deux heures et demie de l'après-midi, les ennemis n'ont pas discontinué de tirer des bombes et des boulets rouges sur la ville ; un quart des maisons sont déjà incendiées, mais je vous apprends avec plaisir que le courage et l'énergie de la garnison, ainsi que celui des corps administratifs et citoyens, non seulement se soutient, mais s'accroît chaque jour, par l'horreur qu'ils conçoivent d'une barbarie aussi atroce que celle que commettent les tyrans qui sont vis-à-vis de nos murs. Le cri général est que les maisons seront réduites en cendres, mais qu'il nous restera nos boulevards, qui seront défendus avec l'énergie d'un peuple qui combat pour sa liberté.

Le feu de la place ne discontinue point, et nous avons appris avec grand plaisir que nous tuons beaucoup de monde à nos tyrans. Le général Labourdonnais rassemble ses forces, avec lesquelles j'espère que nous pourrons sous peu agir avec succès, du moins pour une puissante diversion. Plusieurs bataillons me sont déjà venus joindre, et ce renfort va soulager un peu ma garnison, qui, jour et nuit, est employée sur les remparts ou aux incendies.

P.-S. — M. Lamarlière, maréchal-de-camp, m'est arrivé avant-hier avec six bataillons.

De Lille, le 3 octobre 1792.

Ce n'est pas aux tyrans, à sentir la nature
Mérope, *acte* iv.

Les meurtriers mercenaires qui nous assiègent à boulets rouges et à coups de bombe depuis samedi dernier, ont redoublé leur fureur pendant la nuit qui vient de s'écouler. Cette rage destructive qui change en bêtes féroces des hommes nés pour vivre en frères, ces déprédations atroces,

ces cruautés qui font de la terre un séjour de brigandage, un horrible et vaste tombeau, tout enfin a été employé avec cet acharnement délicieux pour le cœur atroce du féroce tyran qui a inventé cette nouvelle manière de faire la guerre, non-seulement inconnue chez les peuples policés, mais encore chez les nations les plus barbares. Plus ce fléau épouvantable rassemble sous lui de calamités et tous les crimes, plus grande sera notre reconnoissance envers ces braves compatriotes qui ont péri et qui périront pour nous venger du barbare anthropophage couronné, dont la mémoire est déjà et sera à jamais en exécration dans les annales du monde, et pour nous donner enfin une paix heureuse, qui ne peut cependant être conclue qu'après avoir conquis la liberté aux peuples affessés *(sic)* sous son sceptre de fer, en le chargeant lui-même de leur malédiction et de chaînes. 10,000 boulets rouges et bombes ont été jetés sur notre cité. Ils ont causé un incendie, auquel les prompts secours ont heureusement fixé des bornes, et des maisons ont été incontestablement dégradées. Hier, deux bataillons nouveaux sont entrés dans nos murs ; insensiblement nos forces se réuniront, pour aller chasser ces hordes de notre territoire. Le courrier de Paris n'étoit pas encore arrivé au soir. Ils sont tous retardés excepté celui de Dunkerque [1].

De Lille, 4 octobre 1792.

Pendant la journée d'hier mercredi, le feu des meurtriers qui nous assiège depuis samedi dernier, trois heures de

---

[1] Reproduit par le *Moniteur universel*.

l'après-midi, a été terrible. Il s'est un peu ralenti pendant la nuit. On a observé que ces assassins soldés, dignes satellites du plus cruel des sultans, ont jetté dans la ville une plus grande quantité de bombes que de boulets rouges ; ces foudres terribles n'ont heureusement pas causé des dommages bien remarquables. Quelques citoyens courageux ont eu la bien louable audace d'empêcher l'éclat de plusieurs en arrachant la mèche avant qu'elle eût atteint l'ingrédient inflammable, auquel rien ne résiste. Les moindres de ces foudres pesoient, dit-on, 360 livres, on a même préservé l'éclat de quelques-unes qui étoient du poids de 500 livres. Mais quel est celui qui ne frémira pas d'horreur lorsqu'on saura que pour rendre plus meurtrières ces machines infernales, on y a trouvé des cloux et autres mitrailles mêlés dans la poudre..... Au moment où nous terminons ce bulletin, le feu ennemi recommence de plus belle et nous annonce une journée bien terrible encore.

De Lille, 4 octobre 1792.

On vient de nous assurer très positivement que l'ennemi nage dans le sang dans ses retranchemens ; mais hélas ! ce sang est peut-être celui de nos malheureux cultivateurs qui ont été forcés par une barbarie inouïe et sans exemple, à y travailler. Ils ont bien des torts, ces malheureux habitans de la campagne, de ne s'être pas levés à tems avec vigueur, de n'avoir pas sauvé leur récolte et leurs propriétés, qui sont devenues la proie de l'ennemi. Ils l'auroient repoussé et ne seroient pas exposés aujourd'hui à l'horrible situation d'être les coopérateurs forcés de la destruction de leur patrie. On dit que, dans ce moment, la gouvernante des Pays-Bas et son mari¹ sont au camp d'Hellemmes, où ils se repaissent du délicieux plaisir de voir exterminer des hommes et détruire des propriétés. Une lettre, que nous recevons de Bruxelles, nous mande que les hôpitaux et les couvens de cette ville, de Louvain, etc., ne pouvant plus contenir les blessés, on force les habitans de se loger plusieurs dans une maison, pour placer dans celles qu'ils sont obligés d'abandonner les malheureuses victimes du despotisme.

***

De Paris, le 4 octobre 1792.

Le *général Duhoux*, sur la proposition du ministre de la guerre, est mandé à la barre, et il doit déjà, d'après son ordre, être en état d'arrestation. Nous sommes informés que cet officier est parvenu, sous le masque du patriotisme ardent, à se former dans la garnison de Lille un parti

---

1 Six années auparavant, Albert de Saxe et son épouse l'archiduchesse Marie-Christine étaient passés incognito à Lille, se rendant dans leur gouvernement des Pays-Bas. Ils arrivèrent le 23 septembre 1786 et logèrent à l'Hôtel Bourbon, sous le nom de comte et comtesse de Bély. Le même jour, à huit heures du soir, ils assistèrent à un feu d'artifice tiré à la Nouvelle-Aventure, en compagnie du prince de Robecq, de M. de Sombreuil et des officiers supérieurs de la garnison. Le lendemain, il y eut grande parade, en l'honneur «des illustres voyageurs», sur le Champ-de-Mars, puis les officiers du génie guidèrent, dans une visite aux fortifications de la ville, celui qui devait, en 1792, les canonner à outrance. Le soir, les gouvernans des Pays-Bas se rendirent au spectacle et ils partirent le lendemain à sept heures pour Tournai

On ne crut pouvoir mieux faire pour saluer le départ de ces visiteurs de marque que de faire tirer toute l'artillerie de la place.

dangereux. Sans doute l'influence des bons citoyens dissipera ce parti et ramènera les esprits égarés [1].

De Lille, 5 octobre 1792.

Le loup a la perception de quelques moutons paissans dans une campagne, son instinct le porte à les dévorer ; les chiens l'en empêchent. Un tyran a la perception d'une province que son instinct le porte à envahir, y trouve des forteresses et des armées qui lui barrent le passage. Y a-t-il une grande différence entre le loup et le despote ? 144 heures vont s'écouler que nous sommes bombardés et canonnés à boulets rouges, sans avoir eu une demi-heure de relâche. Eh bien ! cette férocité d'un ennemi aussi lâche, qui n'attaque que là où il sait qu'il n'y a pas de forces suffisantes pour le repousser, s'acharne après une forteresse où il peut bien démolir les pignons des maisons et les cheminées, renverser les clochers, briser les tuiles des toits, mais jamais vaincre, et il échouera très certainement dans son infâme entreprise ; il se retirera avec des remords cuisans et la honte d'une non-réussite, chargé de la malédiction des peuples, en attendant qu'ils puissent se venger plus dignement. Ce tems n'est peut-être pas si éloigné. *Tout cède sur la terre aux travaux et au courage !*

Le feu de l'ennemi de la journée d'hier a été terrible et malgré cette calamité, la gayeté et le courage du peuple, n'ont point été altérés ni abattus. Celui de la nuit qui vient

---

[1] Le général Duhoux était arrivé à Lille le 23 septembre pour prendre le commandement de la garnison, mais il avait été rappelé quelques jours après et remplacé par Ruault.

de s'écouler a été moins vif ; mais le quartier que nous habitons a été extrêmement maltraité, pour notre part nous avons été assaillis de 5 boulets rouges. Du courage, chers compatriotes, que cette calamité vous aguérisse et ne vous abatte pas ! Les meurtriers mercenaires se détachent par bandes de 3 à 400, ils rôdent dans les villages, portent des sommations aux municipalités, pour les faire contribuer ; chemin faisant, ils dévalisent pour leur compte les passans sur les routes et prennent des à-comptes dans les villages. Les habitans de celui de Phalempin, réunis à ceux de Gondecourt, Attiches, Carnin et autres, se sont armés pour repousser ces brigands, ce qu'ils ont fait avec succès. Mais le lendemain ces monstres sont revenus en force, ils ont pillé Phalempin, brûlé 23 à 24 habitations et assassiné un grand nombre d'habitans.

Douay, 7 octobre 1792.

Extrait d'une lettre particulière de M. Labourdonnais, général de l'armée du Nord.

Je rassemble ici une armée que je destinois à faire lever le siège de Lille, en la joignant à la garnison que j'ai considérablement renforcée. L'ennemi n'attend pas que mon armée soit réunie, et déjà il abandonne Lille : je suivrai ses mouvemens et ne perdrai pas de vue, un seul instant, les moyens d'opérer, le plus promptement possible, la révolution Belgique, à laquelle les vrais amis de la république prennent un si vif intérêt.

Les rapports de cette nuit m'ont annoncé que les Autrichiens s'étoient renforcés de 3 à 4000 hommes depuis trois jours, et que leur armée devant Lille étoit de 32000 hommes ; il faut qu'ils aient eu connoissance de la retraite du roi de Prusse.

———

De Lille, Dimanche 7 octobre 1792.

Une puissance peut maltraiter un brave homme, mais non pas le déshonorer. Cette vérité sainte s'applique naturellement à la noble et intrépide conduite des Lillois. Huit jours consécutifs de bombardement et de canonnade l'ont inhumainement assiégé. 60.000 boulets rouges et bombes au moins ont détruit ses propriétés avec un acharnement qu'il seroit inutile de décrire, s'il pouvoit l'être, parce qu'on ne croira jamais à une férocité qui n'a pas d'exemple dans la nature. Tant d'horreurs ont été supportées avec cette fermeté et cette tranquillité qui caractérise ce vrai courage héroïque d'un peuple libre. Lorsqu'une maison est devenue inhabitable, le voisin s'est empressé d'offrir l'hospitalité aux victimes du moment et de partager avec elles ses vivres et son aisance, s'il est possible d'en jouir dans les horreurs d'une telle calamité. Tout étoit en commun : *buvez, mangez,* leur disoit-on, *tant que ma provision durera ; la Providence pourvoira à l'avenir.* Un ordre s'est naturellement organisé dans chaque quartier, dans chaque rue ; des vases pleins d'eau étoient à toutes les portes ; pendant la nuit, les maisons étoient gardées par des veilleurs. Un boulet rouge venoit-il à pénétrer quelque part ? un cri se faisoit entendre : *c'est chez un tel !* Vingt citoyens à l'instant, avec chacun un seau d'eau à la main, venoient porter des secours, et l'on n'essuyoit plus alors de dommages que celui qu'occasionnoit la fracture du boulet ou le fracas de la bombe.

Malgré ces secours fraternels et civiques, la première nuit du bombardement, dont l'effet terrible n'étoit pas connu de tout le monde, l'église de Saint-Étienne, quelques petites maisons qui l'entouroient, deux dans la rue Esquermoise, l'extrémité de la rue de Fives, toutes les rues du Croquet, de Pois, du Curé-Saint-Sauveur, les Moulins de Garence et quelques autres maisons éparses dans différens quartiers ont été incendiées. Enfin, hier à pareille heure, a fini le carnage horrible que les meurtriers avoient commencé par les ordres du farouche *Albert,* le samedi précédent. Son infâme associée au gouvernement des Pays-Bas a eu l'atroce curiosité de venir au camp d'Hellemmes pour repaître ses yeux de lynx de ce terrible spectacle. Aussi, son cœur sanguinaire a-t-il joui doublement : d'abord le feu a été plus vif en sa présence et ses satellites ne pouvant encore satisfaire à son impatiente barbarie, ils ont tiré quelques volées à boulets froids, parce que la charge devenoit moins longue. En second lieu, voulant voir l'effet effroyable des bombes de 300 livres, deux mortiers ont éclaté et ont mis en pièces 30 à 36 hommes qui entouroient la batterie infernale.[1] Très certainement le bombardement atroce de Lille fera époque dans l'histoire de la guerre présente, et la mémoire des citoyens magnanimes qui l'ont soutenu avec tant de fermeté et d'héroïsme, sans pouvoir opposer d'autres forces que le serment de mourir pour la défense de la liberté et de l'égalité, sera un exemple de gloire pour les postérités futures.

Un vrai républicain n'a pour père et pour fils
Que la vertu, les dieux, les lois et son pays.
(Mort de César, acte II.)

---

[1] Reproduit par le *Moniteur universel.*

Les citoyens *Delmas, Bellegarde, Duhem, Loisel, Doucet* et *Daoust*, membres à la Convention Nationale, commissaires députés dans le département du Nord, avec pouvoirs illimités pour y assurer le bon ordre, soit dans l'armée, soit entre les citoyens, et faire à cet égard, telles destitutions, remplacemens et réquisitions qu'ils jugeront convenables, auxquelles tous les corps administratifs, civils et militaires, seront tenus d'obéir, sont arrivés à Lille hier au soir. Hier ils ont visité les ruines dont nous sommes environnés de toutes parts. Ils en rendront compte à la Convention Nationale, et hâteront sans doute par leur rapport les secours qui nous sont nécessaires pour nous venger, non pas en brigands, — un peuple libre et loyal ne se compromet jamais par des lâchetés, — mais en allant planter l'arbre de la liberté sur la place de Bruxelles. Le général *Dumouriez* se charge de cette besogne.

Extrait d'une lettre au Rédacteur.

Amiens, le 8 octobre 1792.

La ville d'Amiens, Monsieur, extrêmement peinée de votre situation, vient d'envoyer à votre secours 800 hommes de sa garde nationale; ces vertueux défenseurs des droits de l'homme doivent coucher aujourd'hui à Arras. Plus de 5000 de nos concitoyens sont déjà dans nos armées, pour contribuer à l'anéantissement total du despotisme, des despotes et de leurs vils satellites. Nous n'avons pu dans ce moment pressé et urgent, vous en envoyer un plus grand nombre ; mais chaque homme en vaut quatre, si on les juge par leur plus pur patriotisme et par la haine qu'ils ont jurée aux tyrans. Si le dévouement de ces 800 citoyens ne suffit pas pour vous aider à exterminer les bêtes féroces qui vous assiègent, annoncez à vos concitoyens nos frères, que 1000 hommes encore sont prêts à partir au premier signal.

Nous avons aussi des ennemis à combattre. Une ville de commerce et de fabriques entretient un grand nombre d'ouvriers, il nous faut préserver cette classe précieuse de la société du venin malfaisant que les agitateurs cherchent à verser sur elle.

Un de vos abonnés.

De Lille, 8 octobre 1792.

Le chef des cannibales a enfin fait évacuer sa bande, qui a porté dans nos murs, pendant huit jours sans relâche, le feu et le meurtre. Il paroit, s'il faut en croire deux déserteurs amenés ici hier, que son projet est de se porter sur Condé, où, pour mettre le comble à sa cruelle et lâche barbarie, il va finir d'émousser sa rage contre ses remparts; il est du moins certain que ses cohortes s'acheminent de ce côté. Il faut espérer qu'elles seront combattues en route, ou du moins si elles arrivent sous les murs de Condé, qu'elles seront repoussées. Au reste, nul doute que les citoyens de cette place ne soient animés du même esprit, dont les Lillois viennent de leur donner un si bel exemple. Les tigres alors se retireront chargés de honte, de malédiction et du mépris de toutes les nations policées. On nous a assuré qu'on a trouvé dans leurs retranchemens, sous le canon du rempart de Lille, plus de 200 morts, que le même nombre a été trouvé dans les différentes maisons que l'on a eu l'imprudence de laisser subsister, et qui leur servoient de retraite, et qu'il y a tous les indices d'un grand nombre de saloirs dans l'emplacement qu'ils ont occupé. Ils ont abandonné, assure-t-on, plusieurs canons. Le conseil de guerre a fait afficher hier, par une sage précaution, la proclamation suivante, et les citoyens électeurs la lettre ci-après :

Proclamation du conseil de guerre. Lille, ce 7 octobre 1792, l'an premier de la République françoise, à midi.

CITOYENS,

Quoique l'ennemi étonné de votre constance et de votre courage ne tire plus depuis 24 heures, le conseil de guerre ne peut se dispenser de vous dire, *veillez de toute part, veillez*. Son silence n'est peut-être qu'une perfide feinte ; il vous prépare peut-être une nouvelle attaque ; quelle douleur, citoyens, si, par une sécurité prématurée, de plus grands malheurs venoient mettre votre constance à une nouvelle épreuve. Le conseil de guerre connoit bien tout ce qu'il y a lieu d'espérer de votre courage, mais il ne doit pas même veiller pour vous-mêmes.

En conséquence, il vous défend au nom de la loi, de retirer dans vos maisons les combustibles, tels que gros bois, fagots, etc... qui sont à vos portées, vous ordonne de tenir dans vos greniers des cuvelles pleines d'eau et de surveiller partout, jusqu'à ce que les découvertes ayent rapporté que l'ennemi s'est absolument éloigné, circonstance dont vous serez informés par une nouvelle proclamation.

Le greffier du conseil de guerre, POISSONNIER.

Lettre aux citoyens membres de l'assemblée électorale du département du Nord, en séance permanente à Lille.

De Paris, le 4 octobre 1792, à neuf heures du soir, l'an 1ᵉʳ de la République.

Citoyen-Président,

Nous avons été pénétrés de la plus vive douleur, en apprenant les maux auxquels est en proie la ville qui est actuellement le siège du corps électoral de notre département. Nous ne doutons pas que les officiers municipaux de cette ville ne s'empressent de faire dresser, contradictoirement avec le procureur-syndic du district, commis à cet effet par le directoire du département, les procès-verbaux nécessaires pour constater légalement les dégâts et les horreurs dont il a été rendu compte ce matin à la convention nationale. Nous nous ferons un devoir, lorsque ces pièces nous seront adressées, de provoquer l'indemnité que la nation doit à nos malheureux frères de Lille.

Il doit partir très incessamment 2 à 3000 hommes de cavalerie pour notre département. Nous insistons du moins pour cela auprès du ministère, qui, en effet, presse leur rassemblement dans les environs de Fontainebleau ; ils ne partiront pas tous ensemble ; mais dès qu'une division sera formée, elle se mettra en route. Il est parti hier et aujourd'hui d'autres forces de Paris pour secourir notre département.

P. S. — La convention nationale a applaudi avec enthousiasme au courage qu'opposoient nos frères de Lille, aux bombes et aux boulets rouges des cannibales d'Autriche. Nous ne doutons pas que cette disposition, si glorieuse pour notre département, ne se maintienne toujours, et que l'assemblée électorale y contribue efficacement par sa présence en cette ville.

Merlin, Gossuin, Fockedey.

L'assemblée électorale du département du Nord a arrêté, dans la séance du 6 octobre de l'an 1er de la République françoise, l'impression de ladite lettre et l'envoi à toutes les municipalités du département, pour être lue, publiée et affichée dans l'étendue de leur commune respective.

Nolf,
président de l'assemblée électorale.

De Lille, 9 octobre 1792.

Le farouche Albert a enfin fait évacuer ses bandes de satellites de dessous les murs de Lille, où grâce à la Providence, après une tempête si longue et si terrible, l'on jouit des douceurs de la paix et d'une tranquilité parfaite. Hier, environ 1000 hommes de notre garnison, travailleurs et en armes, commandés par M. *d'Orières*, lieutenant-colonel du 15me régiment, sont sortis pour aller s'assurer si l'ennemi ne s'étoit point retranché dans les bois voisins qu'il avoit derrière lui, et pour détruire ses retranchemens. Un grand nombre de bourgeois armés de pioches, pelles, haches, etc., se sont réunis à eux pour contribuer à la destruction des ouvrages immenses, à l'abri desquels les cannibales nous ont fait tant de mal [1]. Le corps du génie

---

1 L'on requit pour effectuer ce travail de déblaiement, non-seulement les citoyens lillois, mais encore les habitants des communes environnantes. Voici la délibération de la municipalité de Wazemmes sur cette question :

« Séance du neuf octobre mil sept cent quatre-vingt douze, deux

et de l'artillerie qui ont été visiter ces travaux, n'ont pu se défendre de témoigner leur surprise de ce qu'on ait en si peu de tems, bouleversé des masses si énormes de terres et surtout perfectionné des retranchemens au point où ils étoient, pour ne redouter absolument que la bombe. On a trouvé des canons abandonnés, mais hors de service ; une assez grande quantité de boulets, de gabions, de chevaux de frise et une infinité d'attirails de guerre. Déjà hier on en a conduit à Lille 15 à 20 voitures. Il paroit certain aujourd'hui — les prisonniers, les déserteurs et les paysans des environs s'accordent sur ce fait — que le feu de nos remparts

---

heures de relevée, à laquelle ont assisté MM. Degland, maire, Nolf et Lepers, officiers municipaux, le procureur de la commune absent.

« Vu par nous, citoyens maire et oficiers municipaux de Wazemmes, la réquisition du Conseil général du district de Lille en datte d'aujourd'hui, le neuf octobre, requérant tous les ouvriers d'aller sans délai, munis de pelles, pioches, louchets et haches, raser et combler les tranchées et batteries de l'ennemi s'étendant depuis Fives jusqu'à Hellemmes, sous les ordres et la direction de Thomas, qui s'entendra avec les officiers du génie. Et pour la présente délibération, nommons à cet effet ledit Thomas, piqueur. Il tiendra le registre des personnes qui se rendront au susdit retranchement ainsi que le tems de leurs travaux. Le susdit piqueur fera mont de boulets, bombes ou éclats, pour être envoyés sur l'Esplanade de Lille, conformément à la réquisition du district du huit de ce mois. »

Bien que la commune de Wazemmes n'ait pas eu plus à souffrir du bombardement que celle de Fives, elle s'était ressentie dans une certaine mesure de l'arrivée des Autrichiens à proximité de son territoire.

Dès le 12 septembre, la municipalité de Wazemmes ordonne de sonner le tocsin et requiert tous les hommes valides de se rendre à Haubourdin, chef-lieu de canton, munis de quatre jours de vivres et armés de piques, de fourches, d'arcs et de flèches.

Ce fut surtout l'inondation des fossés de la place qui envahit les nombreuses blanchisseries de cette commune. Le pavé de l'église fut complètement bouleversé, et l'édifice, miné par les eaux, menaçait de s'écrouler. Une expertise faite par des gens du métier conclut à mettre les frais de réparation à la charge de la nation.

a délivré la nature de 4000 au moins de ces misérables meurtriers. Ce fait ne peut être révoqué en doute, si l'on en juge par la très grande quantité de bombes éclatées dans leurs retranchemens et par les boulets qu'on y trouve. Outre un grand nombre de chariots chargés de ces victimes qu'on a emmenés et les morts abandonnés sur la place, on découvre beaucoup de saloirs, où les cadavres entassés et qui n'ont pas un pied de terre de surface, infectent l'atmosphère ; plus de 300 chevaux sont aussi étendus sur les campagnes ; on voit que l'on y a coupé des tranches, au plus gras, pour manger. Pendant ce bombardement, il ne nous est venu aucun déserteur. Ces meurtriers mercenaires du plus cruel des tyrans étoient retenus par les horribles promesses d'un pillage de 15 jours, l'espoir assuré de passer les citoyens au fil de l'épée, pendant 3 jours, et de commettre tous les crimes et vols imaginables dans Lille, jusqu'à ce qu'enfin chacun d'eux eut au moins 1000 écus en poche. Ces monstres, à qui l'esprit de débauche, de libertinage et de rapine, fait quitter les campagnes pour venir répandre sans remords le sang humain, attendoient donc avec avidité le moment où ils pourroient, dans le champ du carnage, arracher aux mourans quelques malheureuses dépouilles qui leur sont ensuite enlevées par d'autres mains. Tel est trop souvent le soldat, telle est cette multitude aveugle et féroce dont les tyrans se servent pour changer la destinée des Empires. On conçoit bien que les farouches chefs de ces bandes de bêtes féroces auroient eu part au gâteau ; on se souvient qu'à l'époque du pillage de Bavay, M. *Beaulieu* fit détendre lui-même les superbes tapisseries d'un particulier de cette ville, qu'il les fit charger sur un de ses fourgons et conduire à Tournay. Les retranchemens de ces coquins étoient sur deux lignes ; ils commençoient au pied d'Hellemmes et s'étendoient jusqu'au faubourg de Fives et près celui des Malades. Les batteries étoient placées en échelons et à cent pas de distance ; chacune d'elle avoit un gril pour rougir les boulets. A en juger par cette disposition infernale, notre ville étoit battue par deux cens bouches à feu au moins. Aujourd'hui, ceux qui blâmoient les généraux sur leur répugnance à donner des sorties, leur sauront peut-être bon gré d'avoir épargné le sang de nos frères, car pour quiconque a vu ces dispositions horribles, il paroît impossible qu'un petit nombre d'hommes eût pu harceler 24000 brigands dans des retranchemens si formidables d'où toutes ses batteries étoient masquées. La hutte du farouche général étoit entourée par un retranchement de 20 pieds d'épaisseur et qui s'élevoit au-dessus des toits. Ce monstre n'a jamais eu le dessein d'assiéger Lille, car les fortifications n'ont pas été atteintes par un seul boulet, mais comme il avoit promis le sac de cette ville, pour le mercredi, il ne vouloit que la détruire et l'incendier. Ah ! que ceux qui avoient traité avec lui périssent, et que leur mémoire soit à jamais en horreur au genre humain. Ce *Xercès* outré de rage, voyant que ses satellites commençoient à murmurer, que les *Léonidas* qu'il combattoit lui apprenoient le secret de leur force et celui de sa faiblesse, a été effrayé d'avoir parmi tant d'hommes si peu de soldats capables de combattre un peuple libre. L'ambition de la gloire, l'amour de la patrie, toutes les vertus enfin du brave peuple lillois, se sont exaltées, et les âmes se sont senties portées à une élévation jusqu'à ce moment inconnue. Tyrans, nous sommes au tems des grandes choses, et ce n'est pas celui qu'il faut choisir pour donner des fers aux nations. Enfin, le farouche *Albert*, après 8 jours d'exhalaisons infernales, est allé oublier, s'il est possible, sa honte, au sein de ses flatteurs, en attendant ce tems où les peuples affessés *(sic)* sous son joug, le mettent à son tour dans les fers.

. . .

Notre garnison pendant cette semaine calamiteuse s'est augmentée journellement. Elle a partagé avec le citoyen ce civisme pur, cette résolution inaltérable de vivre pour la liberté et l'égalité ou de mourir en les défendant. Les bivouacs, les patrouilles, le service de l'artillerie des remparts, les secours qu'elle portoit, en bravant les dangers, partout où le feu se manifestoit ; tout enfin lui a mérité, tant aux officiers de tous les grades qu'aux soldats, une reconnoissance sans borne. Les compagnons de Besançon et les volontaires canonniers ont également fait un service assidu et très pénible. On vint annoncer sur le rempart à M. *Ovigneur*, canonnier-volontaire, que sa maison étoit en feu, *je m'en f...*, répondit ce brave citoyen, *je suis à mon poste*. Enfin les siècles entassés ne pourront éteindre dans la mémoire des hommes la gloire que se sont acquis dans les horreurs de ce bombardement terrible, tous les citoyens de cette nouvelle Athènes.

. . .

500 gardes nationaux de Saint-Omer instruits de la situation de la ville de Lille, pendant son bombardement, sont accourus à leurs frais, au secours de leurs bons frères. Arrivés au village de Lomme, ils ont envoyé un exprès à notre garde nationale pour l'informer de leur généreux dévouement. Il a été accueilli avec cette reconnoissance qui se sent, mais qui ne peut se décrire. Vu leur nombre, ils

sont restés campés dans ce village où des députations ont été leur jurer au nom de leurs frères les Lillois le même dévouement, si jamais des méchans venoient troubler leur civisme et cette fraternité qui caractérise et distingue les habitans de cette ville depuis l'époque de la révolution.

* *

L'ennemi qui dévastoit et occupoit depuis quelque tems les postes de Roubaix, Lannoy, Tourcoing et les alentours, vient de les évacuer. Ces brigands se sont repliés en même tems que ceux qui étoient sous les murs de Lille. Les braves habitans de Roubaix, sont venus inviter leur curé constitutionnel de venir reprendre son poste : le réfractaire, qui soutenu par les bayonnettes, étoit venu prêcher l'anarchie dans ce malheureux bourg, a suivi le torrent immonde de ces hordes de cannibales.

* *

Hier on a amené ici un espion. C'est un paysan de Croix. Conduit à l'hôtel de ville, on lui a trouvé dans la coëffe de son chapeau les preuves certaines de son crime. On conduisoit ce malheureux en prison, mais le peuple et des gardes soldés n'ont pu contenir leur vengeance ; ils lui ont donné la mort, et sa tête a été portée par la ville sur la pointe d'un sabre. Ce spectacle horrible, qui fait frémir la nature, a révolté tous les bons citoyens. C'est à la loi à prononcer le sort de pareils scélérats ; mais un peuple qui se rend coupabe d'un crime si atroce est un peuple de cannibales et d'assassins.

De Lille, 10 octobre 1892.

Les satellites du farouche *Albert*, n'ayant plus l'espoir de s'enrichir par le pillage de Lille, qui n'étoit que la *peau de l'ours*, se laissent prendre prisonniers. Hier les Belges et un détachement d'un autre corps ont amené une cinquantaine de ces coquins. Sitôt qu'ils se voyent enveloppés, les scélérats voudroient bien se déclarer déserteurs, pour jouir du bénéfice que la nation accorde à ceux qui, de bonne foi, désertent pour l'horreur de combattre un peuple libre, loyal, bienfaisant et généreux ; mais ceux-ci après nous avoir fait tout le mal possible ne doivent pas être crus si légèrement. En entrant en ville, avant de les conduire à l'hôtel de ville et de là à la citadelle, on les fait prosterner, et baiser très-religieusement l'arbre de la liberté, ce qu'ils font de la meilleure grâce du monde. M. *Milcamp*, officier belge, nous mande de Quesnoy, où il est en détachement, que le 7, les brigands autrichiens sont venus en nombre au Pont-Rouge avec deux pièces de canon et un obusier. Le commandant du détachement des Belges posté à Quesnoy s'est aussitôt mis à la tête de 100 hommes avec une pièce de canon, et a marché contre cette horde qui avoit déjà passé la rivière et se disposoit sans doute au pillage. Elle a été repoussée vertement, et 30 de ses satellites, parmi lesquels se trouvent plusieurs de leurs officiers, ont été tués. De notre côté nous avons perdu le brave capitaine *Defleur*, un chasseur belge et un grenadier du régiment ci-devant *Dillon*, et nous avons eu 4 chasseurs belges blessés.

11 octobre 1792.

Les citoyens-commissaires-députés de la Convention nationale aux défenseurs de la ville de Lille.

Citoyens,

Vous venez de prouver à l'Europe votre amour pour la liberté et votre haine pour la tyrannie.

Vous avez vu périr vos frères, réduire en cendres une partie de vos propriétés, et vous êtes restés fidèles au poste où la patrie et l'honneur vous avoient placés. Vous êtes à la hauteur de la révolution mémorable et salutaire du 10 août dernier.

Vous êtes dignes d'être républicains.

Au milieu de l'incendie, prêts à périr sous les décombres de vos habitations, votre voix ne s'est fait entendre que pour crier vive la nation, périssent les despotes, nous voulons être libres et nous le serons.

Ces brigands de l'Autriche, ces lâches émigrés peuvent détruire, avez-vous dit, toutes nos maisons, mais les remparts de la place nous resteront, et les habitans et la garnison de Lille ne se rendront point.

Citoyens ! vous avez bien mérité de la patrie.

Les commissaires de la Convention nationale étoient venus partager vos dangers. Les représentans de la République françoise doivent donner l'exemple de mourir en défendant la souveraineté du peuple et son indépendance.

Ils veulent assurer de tout leur pouvoir la liberté et l'égalité sous l'empire des loix.

Vous venez, par votre courage, par votre attitude fière et imposante, de placer une colonne au grand édifice de la félicité publique.

La Convention nationale à qui nous allons transmettre le tableau affligeant de votre situation, applaudira à votre patriotisme. Elle ne tardera pas à acquitter envers les citoyens de Lille, une dette sacrée. Vos pertes sont considérables, vous serez justement indemnisés. Comptez sur sa sollicitude paternelle.

. . . .

A Lille, le 8 octobre 1792, l'an 1er de la République françoise. *Signé :* E.-J.-M. d'Aoust, Gustave Doulcet, J.-F.-B. Delmas, A. Debellegarbe, P.-J. Duhem, Ern. Duquesnoy.

De Lille, 7 octobre 1792.

On vient de nous présenter le citoyen *François Hainzelin*, l'un des habitans et des défenseurs de notre ville. Le clocher de Saint-Etienne étoit en feu qui consumoit également sa maison attenante à l'église. Il ne veut rien sauver de ce qui lui appartient tant que le bonnet de la liberté placé sur la croix du clocher sera menacé d'être la proie des flammes. Il y monte avec intrépidité, en descend avec bonheur tenant à la main ce signe de la liberté qu'il va déposer à la maison commune.

De Lille, le lundi 8 octobre 1792, l'an 1er de la République françoise.

A l'auteur de la Gazette du département du Nord.

Il n'est personne, mon cher concitoyen, qui n'ait admiré la belle conduite de nos braves Lillois, durant les 185 heures environ du bombardement atroce que vient d'essuyer leur ville vraiment républicaine.

Ce ne peut être assez pour nous de laisser aux générations suivantes, de grands exemples tout à la fois et de grandes leçons, nos contemporains ne sauroient être indifférens sur les honneurs à décerner à ceux qui s'étant le plus distingués ont par conséquent mérité davantage. La reconnoissance d'une part, l'émulation des vertus civiques à exciter de l'autre, l'amour sacré de la patrie, à fomenter, à propager sans cesse, leur en fait une loi.

Cette pensée qui m'est commune avec tous ceux qui ont à cœur le succès de la chose publique, m'a suggéré l'idée de l'*Invitation* suivante *aux bons citoyens de Lille*. Je présume trop bien de vous, mon cher républicain, pour n'être pas certain du plaisir avec lequel vous la recevrez, et si vous estimez comme moi, que sa publicité puisse intéresser vos lecteurs, et hâter davantage l'exécution du vœu qu'elle renferme, je vous aurois obligation de lui accorder une place dans la première de vos feuilles. Je suis de tout mon cœur votre concitoyen.

DUVIVIER,
prêtre desservant la cure de Comines-libre.

Invitation aux braves citoyens de Lille.

FRÈRES ET AMIS,

La reconnoissance est, vous le sentez tous, un hommage du cœur. Elle est le prix des belles actions, la récompense la plus douce, la seule véritablement digne des citoyens vertueux, leurs noms chéris et révérés que la main des arts et trop souvent, celle de la flatterie s'efforcent en vain d'éterniser sur les métaux ou sur le marbre ; elle les grave en caractères ineffaçables dans le souvenir des âmes sensibles.

Peu de circonstances sans contredit, présentent, comme celle toute récente du bombardement barbare de Lille, une collection plus grande, plus intéressante de noms dignes d'être recueillis et mentionnés avec éloge dans les fastes du patriotisme et de la liberté du peuple françois.

C'est pourquoi je voudrois un grand exemple et pour l'édification de toute la république et de tout l'univers, je voudrois dis-je, qu'attendu la difficulté de les désigner tous, chaque rue dressât une liste des noms de ceux qui se sont fait remarquer davantage, et qu'elle la dépose au comité de la section. Chaque section, après en avoir fait le relevé, le feroit parvenir au corps municipal par une députation expresse et solennelle; et de son côté le corps municipal, seroit instamment invité :

1° A les refondre tous en une seule et même liste, qu'elle auroit soin de consigner dans ses archives.

2° A en faire passer copie certifiée conforme, à l'auguste sénat de nos représentans, et aux commissaires-députés par la convention nationale, s'ils sont encore à Lille.

3° De la rendre publique par les affiches et les journaux.

4° Enfin, de décerner solennellement et à jour fixe des couronnes civiques à tous ces braves citoyens.

Ceux qui seroient ainsi couronnés le seroient au nom d'un millier d'autres; et de cette manière la dette publique de la ville envers eux, seroit en quelque sorte acquittée.

Et pour commencer à faire des citations honorables, toute la rue d'Angleterre où je suis réfugié depuis le pillage de ma maison de Comines-libre, se croiroit vengée des immenses services qu'a rendu de l'aveu de tous ses voisins, pendant toute la durée de ce siège terrible et opiniâtre, le citoyen Delos, m^d plombier. Cet hommage public rendu à son patriotisme et son intrépide activité, seroit d'autant plus mérité, qu'il n'est guère possible de rencontrer en un même homme plus de zèle pour ses voisins, plus de probité dans son commerce, et surtout plus de modestie.

Duvivier, citoyen,
prêtre desservant la cure de Comines-libre.

Lille, le 10 octobre 1792, l'an 1er de la République françoise.

Réquisition des citoyens-commissaires-députés de la Convention nationale à l'armée du Nord.

Les commissaires-députés de la Convention nationale, considérant qu'il seroit injuste de confondre les bons citoyens qui ont défendu cette cité, avec ceux qui, par lâcheté ou par incivisme, ont fui de son enceinte à l'approche des Autrichiens, ou pendant le siège barbare qui a couvert de gloire les défenseurs de Lille, et de honte les brigands qui l'avoient entrepris ; que s'il est dû un dédommagement à ces citoyens respectables, il n'en est dû aucun sans doute à des hommes qui ont eu l'impudeur d'être insensibles au danger pressant de la patrie. Requérons la municipalité de prendre à l'aide des sections toutes mesures nécessaires pour remettre dans trois jours auxdits commissaires une liste exacte de tous ceux qui se sont absentés de la ville de Lille, depuis l'arrivée des Autrichiens dans les plaines de Lille et pendant le siège qu'ils en ont fait.

Éloge de Lille et de Thionville

Couplets pour servir de suite à l'Hymne national.

    Thionville, place illustrée,
    Combien de toi l'on parlera !
    Tu seras la cité sacrée,
    Que tout François visitera *(bis)*
    Que de lauriers et que d'hommages,
    Mérite ta fidélité !
    L'exemple de ta fermeté
    Fera dire dans tous les âges :
Aux armes citoyens !... formez vos bataillons,
Marchons, marchons, qu'un sang impur abreuve nos sillons.

    Dans l'accord qui se fait entendre
    N'oublions pas, frères, amis,
    Ce fameux rempart de la Flandre
    L'écueil de nos vils ennemis *(bis)*
    L'airain détruit, mais la victoire
    Ne couronne point des brigands
    Le Lillois dans ses murs fumans,
    S'écrie en contemplant sa gloire :
Aux armes, etc...

    Dans notre ardeur patriotique,
    Chantons, célébrons à jamais,
    Ces deux clefs de la république
    Eternisant le nom François ! *(bis)*
    Ces tyrans que notre âme abhorre,
    Sans elles nous donnoient des fers,
    Tandis qu'aux yeux de l'univers,
    Par elles nous crions encore :
Aux armes, etc...

    Oui, du joug de la tyrannie
    Un Dieu vengeur nous a sauvé,
    Oui, du bonheur de la patrie,
    Enfin ce jour est arrivé *(bis)*
    Tout peuple fatigué d'un maître,
    Si l'énergie est dans son cœur,
    Pour se voir libre du malheur,
    N'a qu'à s'écrier, s'il veut l'être :
Aux armes, etc...

Copie de la lettre des citoyens-commissaires à l'armée du Nord, à la Convention nationale.

Lille, 10 octobre 1792, l'an 1ᵉʳ de la République françoise.

L'ennemi campé à Baisieux ne nous permet point encore de voir dans toute leur étendue, les dégâts qu'il a faits dans les campagnes où il s'est porté. Trois de nous ont été aussi loin qu'il leur a été possible, et partout ils ont vu des malheureux dépouillés et ruinés. La récolte prochaine est même menacée dans ces plaines où la culture sert de modèle, où la terre répond si bien aux travaux industrieux qui en provoquent la fécondité. Les brigands ont arraché les hommes et les chevaux aux ouvrages que la saison commandoit impérieusement ; ils ont enlevé les semences. Votre humanité et votre sagesse sont la consolation de ces victimes : nous sollicitons pour elles des secours provisoires, indépendamment de ceux que les citoyens de la ville de Lille ont mérité d'obtenir des représentans d'un grand peuple, qui servira de modèle en tout genre à la postérité étonnée. Nous vous demandons en conséquence de vouloir bien décréter provisoirement une somme qui puisse, en donnant du pain aux citoyens indigens de Lille et des campagnes qui l'environnent, prévenir les maux qui résulteroient de la misère où les Autrichiens les ont réduits.

Les citoyens commissaires-députés de la Convention nationale, etc.

\. \.
\.

Les brigands mercenaires dans leur retraite, pillent, incendient et massacrent inhumainement tout ce qu'ils rencontrent sur leur passage. Sortant de Seclin ils ont été incendier 24 à 25 maisons du village de Phalempin, et assassiner un grand nombre de ses malheureux habitans. Voulant assouvir cette rage qui dévore ces monstres altérés de sang, sur le curé constitutionnel, ils ont donné la mort à un ci-devant père carme, qui habitoit, en société avec d'autres ci-devant moines, la maison ci-devant abbatiale de Phalempin. Ce malheureux n'ayant pas été assassiné sur le coup, confessa à son bourreau qu'il étoit aristocrate et moine ; le scélérat lui répliquant en bon françois : *quoi ! ce n'est pas toi qui es le curé constitutionnel ! j'en suis fâché ; mais puisque tu es à moitié mort....* A ce mot on lui a vu plonger son sabre à travers le corps. Un fermier qui avoit vendu pour cent écus de bled a eu l'indiscrétion de le confier à un scélérat, qui en a sans doute informé un de ces assassins, qui vint lui enlever cette somme et abattit la tête à ce malheureux père de famille. On dit que ce sont des émigrés qui ont commis ces horreurs. Pendant le bombardement de Lille, une armée de femmes d'émigrés sont venues être spectatrices de cet horrible sabbat, et envoyoient de l'eau de vie aux canonniers. Le farouche Albert leur avoit fait apporter des fauteuils pour être témoins commodes de sa barbarie. Le paysan, témoin oculaire, qui nous a raconté ce dernier fait, nous a assuré que tout le monde savoit au retour du messager qui avoit apporté l'insolente sommation de rendre la ville, que l'église Saint-Étienne devoit être incendiée le soir pour servir de point de vue pendant la nuit [1]. Il a ajouté qu'il se disposoit à venir

---

[1] Voilà sans doute l'origine de la tradition qui prétend que l'incendie de l'église Saint-Etienne ne fut pas allumé par les boulets rouges autrichiens, mais bien par des gens malintentionnés.

en informer la municipalité, mais que toutes les avenues étoient gardées et que personne ne pouvoit approcher de Lille. Quelques instans après l'évacuation de Seclin, 3oo gardes nationaux d'Arras avec un canon y sont entrés. Ces braves gens venoient dans le dessein d'y surprendre l'ennemi et de l'exterminer Leur marche secrète causa d'abord une surprise inquiétante ; mais bientôt on a oublié les brigandages que l'on venoit d'essuyer pour recevoir avec allégresse ces hôtes généreux. Il y a encore eu une affaire au Pont-Rouge, nous en ignorons les détails. *Le citoyen général Labourdonnais vient d'arriver.*

*
* *

Nous avons, citoyen, à réclamer contre un article de votre gazette du 9. Vous dites dans celui qui termine cette feuille, *que le peuple s'est souillé du crime de l'assassinat de l'espion que l'on conduisoit en prison.* Le peuple, bien loin d'y avoir participé, a gémi de ce forfait comme tous les bons citoyens. Ce sont des malveillans inconnus, qui, peut-être, cherchoient à troubler la bonne harmonie qui règne parmi nous dans ce tems de calamité, qui s'en sont rendus coupables

Signés : Fleur-Leclercq, L.-Joseph Dumont, Debras, *canonnier.*

De Lille, 11 octobre 1792.

Le moment des évènemens qui délivreront cette riche et malheureuse frontière, approche. Déjà, *Labourdonnais,* est en mouvement avec 12000 hommes. Demain il campera derrière Lille, couvert de tout ce que la nature du pays peut mettre d'obstacles entre deux armées. Lomme et Haubourdin appuyeront à peu près ses ailes. Les postes importans de Quesnoy, du Pont-Rouge et de Marquette, jusqu'ici défendus avec autant de bravoure qu'attaqués avec acharnement, seront soutenus puissamment par cette position qui permettra même de s'étendre sur la Lys, que les ennemis ont desséchée autant qu'ils l'ont pu, en levant les écluses de Menin et de Comines [1].

Dans la séance du 8 octobre on donnait lecture à la Convention des renseignements suivants envoyés par ces mêmes Commissaires :

Les Commissaires de Lille, qui y sont entrés le 7 de ce mois, confirment tout ce que la France connoit déjà des circonstances horribles du bombardement de cette ville et ajoutent des circonstances qui doivent rendre le nom autrichien plus odieux et les François plus dignes de l'admiration et de l'imitation de tous les peuples. Une sœur *(sic)* d'Albert de Saxe (sa femme) nommée Christine, et qui, à ce qu'on raconte, a été abbesse de Remiremont en France, se promenant comme une furie entre les mortiers et les canons, a lancé elle-même des bombes et des boulets rouges sur Lille, qu'elle appelloit un repaire de scélérats. Ces scélérats sont des héros pour leur patrie et restent invincibles au milieu des ruines dont ils sont entourés. Tandis qu'on s'efforce de livrer aux flammes toute la ville, lorsque cinq cens maisons sont déjà réduites en cendres et plus de deux mille brûlées à demi, les Autrichiens affectent

---

[1] Les lignes qui précèdent sont extraites d'une lettre adressée par les commissaires de la Convention nationale à l'armée du Nord.

de ne pas diriger un seul boulet sur les remparts, parce que, disent-ils, *les remparts appartiennent aux rois....*

Dans cette ville où le fer bouillant en globes de feu tombe de toutes parts des airs, on prend pour prévenir et arrêter les incendies, des précautions plus sages que la police ne peut en employer dans les tems les plus tranquilles. De vastes tonneaux d'eau sont placés au-devant de toutes les portes, tous les greniers, tous les appartemens supérieurs sont vuidés ; quand un boulet rouge tombe sur une maison, on s'y porte avec rapidité, mais sans tumulte et sans désordre. Des gardes-nationaux, des femmes, des enfans courent après les boulets et les arrêtent, les prennent dans des casseroles avant qu'ils aient pu rouler sur les planchers et sur les charpentes. Les Autrichiens brûlent les maisons des Lillois, mais les Lillois tuent les Autrichiens.

Au moment où les Commissaires écrivent, le feu a cessé depuis 2 heures et on dit que ces incendiaires se retirent. Ils emporteront avec eux l'horreur qui doit s'attacher à des barbares qui ont ajouté à toutes les atrocités de la guerre, et qui, désespérant de vaincre, ont voulu détruire.

———

De Lille, 13 octobre 1792.

A l'abondante pluie de feu qui nous a inondé de ruines pendant huit jours, a succédé le bruyant d'une armée formidable, qui s'établit dans la plaine où *Luckner* avoit campé lors de son expédition dans la West-Flandre, et à cet orage infernal succède enfin cette paix de l'âme, que la gloire d'avoir bien mérité de la patrie peut seule inspirer. Les brigands satellites de l'Autriche qui avoient évacué

Roubaix, y sont rentrés pour y exercer de nouveau leur brigandage. Ils ont pillé hier deux voitures chargées d'étoffes de la fabrique de ce bourg. L'on continue à se fusiller au poste du Pont-Rouge, et l'avantage est toujours de notre côté.

Copie de la lettre des citoyens-commissaires à la Convention.

Lille, le 15 octobre 1792, l'an 1er de la République françoise.

Citoyens,

Un grand nombre de volontaires des bataillons de fédérés auxquels un décret permet de se retirer à la fin de la campagne, c'est-à-dire un an après leur formation, demandent à quitter l'armée à cette époque.

Il seroit à désirer que l'on pût conserver sous les drapeaux d'aussi braves citoyens. Les services qu'ils ont rendus les ont formés à la guerre, et il seroit fâcheux de perdre de tels soldats au moment où l'armée de la République ira venger sur les Autrichiens, les barbaries qu'ils ont exercées sur nos frères, et délivrer la République de ses atroces tyrans. Votre sagesse vous inspirera, citoyens, la mesure la plus propre à remplir promptement cet important objet.

Il s'est fait vers le moment du siège de cette place une émigration considérable. Le Sr Imbert d'Ennevelin, colonel de la gendarmerie nationale, qu'il affectoit d'appeler encore maréchaussée, est du nombre de ceux qui croyant au succès des boulets rouges, des bombes et des trahisons, se sont empressés d'abandonner une ville où il ne leur paraissoit plus douteux de rentrer bientôt avec les Autrichiens. Nous avons nommé provisoirement à sa place, le colonel *l'Écuyer*, prévôt de l'armée du Nord, citoyen infiniment recommandable par son patriotisme, son intelligence, sa bravoure, son activité, et l'excellente conduite de laquelle les généraux ont rendu témoignage dans les termes les plus satisfaisans.

Le corps électoral du département du Nord est séparé. Sa présence ici pendant le siège y a produit le meilleur effet. Les électeurs, partagés entre leurs fonctions et la défense de la place, assemblés dans une église exposée aux boulets rouges, présentoient au peuple le spectacle le plus imposant [1].

---

*Copie de la lettre des citoyens-commissaires
à la Convention nationale.*

De Lille, le 16 octobre 1792.

Citoyens,

Un grand nombre de maisons des émigrés de cette ville, ont tellement souffert pendant le siège, qu'il est instant pour la République, ou de les réparer, ou de les vendre.

Si l'on n'y fait que les réparations absolument indis-

---

[1] Le curé Nolf, président l'assemblée du corps électoral, occupait le fauteuil lorsqu'un boulet rouge passa entre lui et le secrétaire. « Citoyens, s'écria-t-il, la section est permanente, arrêtons ce boulet, il faut qu'il soit permanent aussi ».

pensables, on n'en augmentera pas la valeur, si l'on fait toutes celles qui sont nécessaires, elles coûteront beaucoup. Aussi le district de Lille pense-t-il qu'il seroit bien plus avantageux de les vendre. Dans ce cas le trésor public recevra, au lieu de payer.

Mais ces ventes ne peuvent avoir lieu qu'après que vous en aurez fixé le mode par un décret. Il est dans l'intérêt de la République que vous le rendiez le plus tôt possible. L'exécution prompte de cette loi débarrassera ses agens d'une surveillance tellement étendue qu'elle est nécessairement imparfaite. Elle épargnera les frais d'entretien, de garde, etc.....

De Lille, 17 octobre 1792.

Hier, nos troupes s'emparèrent du poste de Mouveaux, et en chassèrent les Autrichiens avec beaucoup de bravoure. Une heure après, notre poste fut obligé d'évacuer ce village, parce que les Autrichiens s'y portèrent avec 3000 hommes et une forte artillerie ; le bataillon du 24me régiment fit la retraite la plus régulière sur Marcq, et tua 17 hommes aux ennemis et 9 furent blessés. A ce que l'on a su ce matin par un déserteur de Tourcoing, les ennemis y sont actuellement 4000 hommes. Les François n'ont eu que 2 hommes tués et quelques blessés. L'artillerie ennemie est mal servie ; elle faisoit plus de bruit que de mal ; la nôtre n'a pu servir ainsi que notre cavalerie, à cause des mauvais chemins.

Copie de la lettre des citoyens-commissaires à la Convention.

Lille, le 17 octobre 1792, l'an 1er de la République françoise.

Citoyens,

Nous vous adressons la décoration militaire du commissaire-ordonnateur de l'armée du Nord, *Malus*, avec la lettre qui l'accompagnoit. Il est dans l'esprit de la République de se dépouiller de ces marques de distinction que le despotisme imaginoit, pour tirer de la vanité ce qu'il ne pouvoit pas espérer de la victoire.

Il n'en est pas de même sans doute des médailles que les citoyens font frapper pour perpétuer la mémoire des actions ou des services éclatans dont ils ont été les témoins, et qu'ils distribuent à ceux qui, sous leurs yeux, ont bien mérité de la patrie. C'est un acte de reconnoissance privée. L'État n'y a point de part; et les citoyens qui se montreront aux fêtes de la patrie avec ces marques d'un souvenir individuel ne rappelleroient à leurs frères que la mémoire d'une action ou d'un service particulier que leur nom rappelleroit également.

Nous croyons que c'est dans cet esprit que les citoyens de Lille, dont le républicanisme se fortifie chaque jour, veulent faire frapper une médaille, qu'ils se proposent de donner aux canonniers volontaires qui sous les ordres du lieutenant-colonel *Guiscart*, commandant l'artillerie de cette place, ont aidé leurs frères de ce corps si respectable, et partagé aux batteries leurs dangers et leurs succès.

Une citoyenne, aussi bonne mère de famille que républicaine ardente, s'est mêlée à tous ces braves gens; et plus de 80 boulets ont été envoyés de sa main aux barbares. Elle se nomme *Catherine Chamuzard* veuve *Gaillot*. Ses concitoyens voudront sans doute qu'elle participe au présent commémoratif qu'ils ont le projet d'offrir à ceux qu'elle eut animé par son exemple s'ils avoient eu besoin de l'être. Nous espérons que la Convention nationale apprendra avec plaisir le nom de cette valeureuse citoyenne [1].

De Lille, 23 octobre 1792.

Les brigands de l'Autriche qui se voient à la veille d'être serrés de près, commettent toutes les horreurs imaginables. Hier, deux particuliers de Tourcoing sont accourus à Lille pour informer les généraux que le farouche Albert venoit de faire publier et afficher dans le bourg que tous ceux en état de porter les armes devoient se ranger parmi ses satellites. O comble de l'horreur ! c'est donc pour les faire combattre contre leur patrie, assassiner, de concert avec les siens, leurs pères, leurs femmes, leurs enfans, leurs concitoyens

---

[1] Rappelons ici le trait populaire du barbier Maes qui est ainsi raconté par un document, copié naguère aux Archives départementales, par Brun-Lavainne :
« ... Une grosse bombe ayant éclaté dans la rue du Vieux-Marché-aux-Moutons, le citoyen Maes, perruquier, en prit un éclat, et le voisinage se fit faire la barbe en plein air et au sifflement des boulets, en se servant de l'éclat de bombe pour bassin à barbe. »
(Extrait d'une lettre datée du 6 octobre 1792 et signée par les trois citoyens composant et tenant le Conseil général du district de Lille. Salmon, *prés.*, F.-J. Vantourout, Sta, *pr. synd.*)
Ajoutons que nous avons vu naguère dans les archives de M. Gentil-Muiron, une pièce, signée de témoins oculaires et attestant que le fait en question s'étoit passé rue du Vieux-Faubourg et non rue du Vieux-Marché-aux-Moutons.

enfin, que les démons ont suggéré cette infernale idée à ce monstre ? Grand Dieu ! c'est donc dans ta colère que tu as créé ce nouveau Néron ! C'est, dit-on, sa mégère de femme qui, écumant de rage de se voir bientôt chassée comme une bête malfaisante d'un pays qu'elle désole depuis si long-tems, qui le pousse à ces excès inhumains. On écrit de Tournay, et cela paroit assez se confirmer par les déserteurs qui nous arrivent à tous les instans, que plus de 7000 brigands ont été tués et blessés sous les murs de Lille, que dans un conseil qui fut tenu immédiatement après leur retraite, ce monstre femelle se saisit d'un écritoire qui étoit à sa portée et le jetta à la tête d'un esclave titré qui osait lui parler humanité. Celui-ci reçut en esclave docile, rempli d'encre de toutes parts, il salua humblement et se retira. Arrivé chez lui, il envoya sa démission à la mégère et prenoit déjà la route de France, lorsqu'elle le fit arrêter et conduire à Luxembourg. Le farouche Albert, ayant osé lui représenter avec humeur à quels excès poissards elle se portait, reçut un soufflet martial dont il a ressenti l'effet pendant quelques jours. Ces faits sont établis par une lettre d'un père de famille à son beau-fils, établi à Lille, qui nous l'a communiquée. Les postes d'Orchies et de Linselles sont décidément évacués.

***

Le conseil de guerre défensif de Lille prenant en très juste considération la réclamation qui lui a été faite de la part des citoyens composans le conseil général de la commune de Bergues, sur ce qu'il n'a point été fait mention de l'envoi de ses pompes lors du bombardement, dans le *Journal des Attaques*, s'empresse de déclarer que l'omission faite à cet égard est échappée à l'impression comme à la révision du journal, que la ville de Bergues a été l'une des premières dont les sentimens civiques se sont manifestés dans l'envoi le plus prompt de ses pompes, et que, pour réparer une omission aussi contraire aux vues du conseil de guerre, il fera passer dès ce moment copie de la présente délibération aux papiers publics.

A Lille, ce 20 octobre 1792, l'an 1er de la République.

De Lille, 25 octobre 1792.

Les généraux réunis s'étant concertés sur les moyens de chasser les brigands de l'Autriche de notre territoire, on délibéra que le 24, il y auroit sur toute la frontière une reconnoissance générale, et le général Labourdonnais se rendit sur-le-champ à Lille. Les brigands de l'Autriche ayant sans doute été informés de ses dispositions, évacuèrent bientôt Saint-Amand, Orchies et généralement tous les postes avancés. Le général Labourdonnais fit sortir, pendant la nuit du 23 au 24, 3000 hommes de notre garnison avec de l'artillerie, sous les ordres du général Lamorlière, et le général Labourdonnais se mit à la tête de 3 à 400 hommes et d'une compagnie de canonniers à cheval. Cette expédition s'est faite sur plusieurs colonnes, pour traquer les brigands de tous les côtés. Le général Labourdonnais s'est porté jusqu'au-dessous de Baisieux, où il a trouvé tous les postes de ces environs évacués. Le général Lamorlière a poussé jusques près de Marquin, à une lieue de Tournay. Il a repoussé vertement tous ceux qui n'étoient pas encore évacués. Il y a eu quelques fusillades, notre canon a même joué. Une embuscade de l'ennemi nous a tué deux grenadiers et nous a blessé deux ou trois hommes.

Nous ne pouvons dire le nombre d'hommes que l'ennemi a perdus, mais il doit être considérable. Pendant cette manœuvre, les détachemens sur toute la frontière avoient ordre d'attaquer les postes écartés qui ne pouvoient être cernés par l'armée. Sur le soir, tout le monde est rentré dans le meilleur ordre possible. La désertion des Autrichiens continue : il nous arrive des casquettes et des hulans à tout instant.

De Lille, 26 octobre 1792.

La reconnoissance ordonnée par le général Dumouriez sur la frontière du Hainaut, et qui a eu lieu le 24, a fait fuir les brigands qui occupoient les postes de Saint-Amand, Marchiennes, Orchies ; généralement cette frontière est purgée de cette vermine malfaisante. Les braves habitans d'Hasnon, qui ont montré tant de valeur et de courage à repousser l'ennemi, occuperont dans l'histoire de cette guerre, une place aussi distinguée que ceux du Quesnoy, Frelinghien, Armentières, etc..., qui mutuellement se sont prêté un secours toujours actif pour empêcher les brigands de venir souiller leur territoire libre et républicain. L'armée qui est entrée dans le Hainaut est déjà de 40.000 hommes. Elle demande, à corps *(sic)* et à cris, de marcher à l'ennemi. Celle qui est campée à la Magdelaine et celle de nos garnisons, n'est guère moins nombreuse et brûle de la même ardeur. Les déserteurs arrivent, arrivent et arrivent à tous les instans.

Depuis ce matin on entend ronfler le canon de plusieurs côtés de la frontière.

De Lille, 27 octobre 1792.

Nos guerriers sont à la chasse des brigands qui s'étoient établis et fortifiés dans les alentours de Lille. Dans les journées du 25 et 26, on a continuellement entendu le bruit du canon. Le poste de Tourcoing, fort de 4000 hommes, a été repoussé et nos gens, dit-on, en ont fait un carnage effrayant ; ceux de Croix et de Roubaix ont été également évacués, mais on dit qu'ils sont revenus quelques heures après en force, s'étant rejoints avec les hommes du poste de Lannoy, qui venoient d'en être chassés ; cela paroit difficile à croire ; du côté de Quesnoy, l'attaque du Pont-Rouge a été des plus vigoureuses. Il ne nous a pas été possible de réunir des renseignemens sur toutes ces différentes attaques ; nous en serons mieux informés demain. Le 25, il est sorti de Douay 100 pièces de canon et 1000 voitures chargées de munitions. Enfin, tout se prépare admirablement pour porter le coup du maître à cette caste de scélérats.

P. S. — On ne peut plus douter que nos gens ne soient devant Tournay. Depuis trois heures du matin l'airain gronde sans relâche de ce côté.

De Lille, 28 octobre 1792.

Nos affaires vont à merveille. Depuis que nos bataillons se sont multipliés sur cette frontière, de Dunkerque à Maubeuge, les postes des brigands de l'Autriche se replient tous les jours. Il y a souvent des affaires sur les bords de la Lys et en avant de la Marque où le sang des satellites fertilise les bords de ces rivières, et ceux que le bronze épargne, désertent en foule, surtout depuis qu'ils sont forcés à des mouvemens. Les premières approches de Tournay seront difficiles sans doute, parce que les Autrichiens détruisent les chemins ; mais ces précautions qui ne prouvent que leur faiblesse, ne feront qu'en retarder l'entreprise.

De Lille, 29 octobre 1792.

Rien de nouveau ici. La chasse que l'on donne aux brigands de toute part purgera bientôt notre frontière de cette vermine malfaisante. A mesure que nos gens approchent de ses postes, elle les abandonne et se replie sur Tournay, et ceux qui peuvent tromper la vigilance de leurs chefs désertent et arrivent en foule.

---

30 octobre 1792.

Extrait d'une lettre des commissaires de la Convention à l'armée du Nord.

Les brigands de l'Autriche viennent d'évacuer Saint-Amand, Orchies et Marchiennes. Il n'est pas d'horreurs qu'ils n'aient commises en se retirant. Ils ont pillé les habitations des patriotes, coupé dans les forêts nationales les plus beaux arbres, forcé les cultivateurs à transporter à Mons et à Tournay, les effets volés.

Ils ont fait prendre les armes aux habitans des communes qu'ils occupoient, et les ont ainsi forcés à combattre leurs concitoyens. Ils seront bientôt punis. Nos armées vont entrer dans le Brabant, les lettres de ces contrées nous promettent les plus heureux succès. Les ennemis se retranchent dans plusieurs endroits, ils ont coupé les routes et les ponts. Le courage, la subordination et le patriotisme des soldats d'un peuple libre, applaniront tous les obstacles. Si ces esclaves restent dans leurs retranchemens ils sont sûrs d'y recevoir la mort. Dumouriez et Labourdonnais ont déjà médité le plan de campagne ; l'airain tonnant va bientôt se faire entendre. Vous ne tarderez pas à être informés des premiers succès des opérations combinées.

Nous vous adressons un procès-verbal du Conseil général de la commune de Lille, relatif à la conduite du général Duhoux, avant et pendant le bombardement de cette place. Il paroît certain que la sûreté de cette cité auroit été compromise, si le bon esprit des citoyens et de la garnison n'avoit rendu inutiles les efforts des agitateurs et des malveillans. Le camp de la Magdelaine brûle de marcher à l'ennemi et ses postes avancés sont dans le meilleur état de défense. Nous n'avons pas encore reçu officiellement le décret qui déclare que *la ville de Lille a bien mérité de la patrie ;* vous penserez sans doute avec nous qu'il est urgent que nous puissions, le plus tôt possible, le transmettre aux citoyens et à la garnison. Cette récompense, digne des hommes libres, est la seule qu'ils désirent.

———

De Lille, 30 octobre 1792.

Il nous est arrivé hier quelques détachemens de différens corps de troupes à cheval et un régiment de dragons. Les préparatifs pour la conquête des provinces belgiques sont immenses. Il est sorti de l'arsenal de Douay des munitions et de l'artillerie de siège en si grande quantité, que plus de 7000 chevaux les traînent en ce moment vers l'extrême frontière pour cette expédition.

Au rédacteur de la Gazette du département du Nord.

Arras, le 30 octobre 1792, an 1ᵉʳ de la République.

Citoyen,

Depuis que j'ai eu le plaisir de vous voir, et il y a bien long tems, il s'est passé de grandes choses, particulièrement dans votre cité : honneur lui soit toujours rendu, elle a si bien mérité de la patrie ! Je vous envoie une pièce de vers où je suis bien fâchée de n'avoir exprimé que foiblement les louanges que méritent les braves et patriotes citoyens de Lille, cependant je vous prie d'insérer cette pièce dans votre gazette. Je suis, etc...

Citoyenne Renard,
de l'Académie des Arcades de Rome.

Aux braves et intrépides citoyens de Lille

    Salut à la cité rayonnante de gloire,
      Digne à jamais d'immortelle mémoire,
Qui fidèle, intrépide, au milieu des hazards
Brava, même étouffa, tous les foudres de Mars.
    Salut, ô Lille ! à ton puissant génie,
      Qui vient d'apprendre à l'univers,
      Combien l'amour de la patrie,
Produit et rend fécond en prodiges divers.
Dans tes murs foudroyés mais qui n'ont point de maître
    On voudroit avoir reçu l'être ;
On voudra que le tems, qui toujours détruit tout,
Sur des siècles nombreux te laisse encore debout ;

Que des libres cités à la France si chères,
Thionville et puis toi, vous tombiez les dernières.
Les dernières en gloire et sous le dernier coup
    De ses faulx meurtrières ;
Ainsi que sous nos yeux, vous fûtes les premières
Le fier but, mais l'écueil du trop funeste plan,
    De plus d'un moderne tyran

Au même.

CITOYEN RÉDACTEUR,

Les Amis de la Liberté et de l'Egalité séant à Hazebrouck, toujours intéressés au bonheur et à l'honneur de nos concitoyens, ont vu, dans vos papiers publics, les louanges des braves défenseurs de nos frontières, qui se sont trouvés dans différentes attaques au Pont-Rouge, avec désignation du nom de leur corps, à l'exception de notre courageuse garde nationale du district d'Hazebrouck, qui a quitté ses foyers au nombre d'environ 500 hommes, sous le commandement du brave citoyen Prévost fils, chef de légion, pour voler au secours de nos frères de Lille. Etant cantonnée à Pérenchies et à Lompret par ordre du général Ruault, elle s'est transportée au Pont-Rouge les 7 et 8 courant, jours d'attaque très vive de la part des Autrichiens et auxquels nos concitoyens ont contribué à résister. C'est pourquoi nous venons vous prier de vouloir bien leur rendre la justice qu'ils ont méritée comme tous leurs frères qui ont partagé les mêmes dangers et en faire mention dans votre prochaine feuille. Vous obligerez ladite société séante à Hazebrouck.

Ce 25 octobre 1792, l'an 1er de la République.

Signé : VERVISCH, *président*,
curé d'Hazebrouck.
BRUDOT, *secrétaire*.

De Lille, 31 octobre 1792.

Depuis que nous avons vaincu, par notre union fraternelle, la barbarie de nos farouches ennemis, depuis que nous avons bravé pendant une octave, sans relâche, une pluie de feu, sans que les monstres ayent eu le plus petit espoir de nous soumettre au joug infernal du despotisme le plus révoltant, nous jouissons non-seulement de cette douce paix du cœur, de cette tranquillité parfaite et de cette égalité qui annoblit l'homme, mais encore de cette gloire inappréciable d'avoir bien mérité de la patrie, et de celle particulièrement de fixer sur nous l'admiration de toutes les nations connues sur le globe. Notre ville abonde journellement d'étrangers qui viennent visiter nos ruines, admirer notre fermeté au milieu de ces décombres, et exécrer les tigres qui en sont les vils architectes. Il nous arrive journellement des troupes. Lille, si inhumainement maltraitée, est aujourd'hui, malgré la ruine d'un grand nombre de ses maisons, une des plus vivifiantes de la République. Nos campagnes ne sont plus infectées de ces brigands qui les souilloient, et nos cultivateurs ruinés n'attendent que les secours nationaux pour reprendre le cours de leurs travaux rustiques.

De Lille, 2 novembre 1792.

Le séjour dans cette ville du général *Dumouriez* a été très court. Arrivé mercredi à sept heures du matin, cet infatigable sauveur de la République en est reparti à onze heures du soir. Hier jeudi, le camp de la Magdelaine a été levé et est allé s'établir, jusqu'à nouvel ordre, à Bouvines. Le général *Labourdonnais* a choisi pour son quartier-général, la ci-devant abbaye de Cysoing. La nombreuse artillerie de siége et les munitions qui arrivent continuellement de Douay, s'acheminent aussi de ce côté.

Les satellites du despote autrichien désertent à force. Cette épidémie détruira absolument cette armée de brigands à ressort, qui s'est mue jusqu'à ce jour, à proportions des besoins de ses chefs. On dit le farouche *Albert* à Mons, où il porte ses forces, et *l'architigresse*, sa digne femme, à Liège.

De Lille, 2 novembre 1792.

Aujourd'hui, nous annonçons avec certitude que la vermine qui, depuis la levée peu refléchie du camp de Maulde, qui a causé le bombardement de Lille, la dévastation de nos belles campagnes et la ruine de nos cultivateurs, est absolument chassée de notre territoire de la République de cette frontière. Hier nos guerriers se sont avancés sur le poste de la petite ville de Lannoy, où les brigands s'étoient singulièrement retranchés; malgré que les chemins fussent fossoyés et que des ouvertures de 20 pieds de large les traversassent, ils sont parvenus à y conduire du canon, et les premières bordées ont suffi pour déloger ces lâches coquins qui se sont enfuis vers Tournay. Les dragons de l'Égalité ont fait 5 prisonniers. Un hulan ayant voulu se servir de sa lance, un coup de sabre lui a, à l'instant, abattu le bras. Ces misérables ont été conduits à Lille, où suivant l'usage on leur a fait baiser, à genou, l'arbre de la liberté. Vers une heure de l'après-midi, sont entrés par la porte de la Barre, 5 à 6000 hommes du superbe corps de la gendarmerie nationale de Paris, trainant à leur suite 12 pièces de canon et des munitions. Jamais on n'a vu un cortège de guerre d'une si belle tenue et si imposant. Tous le sabre à la main droite, et la gauche appuyée sur le talon de leurs pistolets, marchoient dans l'ordre le plus majestueux. Un grand nombre de femmes, sur des chariots d'équipages, terminoit ce martial cortège, bien fait pour porter la terreur dans les entrailles des despotes. Ces femmes chantoient le cantique marseillois ; à la fin de chaque couplet, venoit le refrain, vive les braves Lillois ! Une d'elles ayant entendu un particulier s'étonner de voir tant de femmes suivre un corps d'armée, s'est écriée : *Eh ! parle donc, crois-tu que 5000 hommes n'ont point besoin de femmes ?* Ce corps important, dont l'homme le plus bas, avoit au moins 5 pieds 4 pouces, sans s'arrêter dans la ville, est sorti par la porte St-André, dirigeant sa marche le long de la belle rue nationale. Toute l'artillerie de siège est arrivée au camp de Bouvines, et sous peu de jours le général, sauveur de la république, ira faire une visite au farouche *Albert,* mais ce cruel chef d'assassins, aussi lâche que ceux qu'il commande, ne l'attendra certainement pas.

Une casquette a trouvé le moyen de déserter avec sa femme et ses deux enfans qu'il portoit sur ses bras. Arrivé sur la place, il a été entouré de monde et un chacun s'empressoit d'embrasser ses enfans. Cet homme à qui on avoit dit que les François étoient des anthropophages, pleuroit de joie de voir sa famille dévorée par des caresses et par des secours.

Note adressée au rédacteur, ce matin à 10 heures.

Hier, le général *Labourdonnais* fit attaquer Lannoy par trois colonnes. Ce poste, fortifié par les Allemands qui le possédoient depuis 2 mois, pouvoit être défendu ; mais la colonne du centre commandée par le brave *Guiscard*, officier d'artillerie, qui a si bien commandé nos canonniers pendant le bombardement de Lille, a tellement porté l'épouvante parmi ces brigands que le poste a été forcé d'emblée après 8 à 10 coups de canon de 12 lb., qui, malgré les coupures des chemins y avoient été traînés. L'ennemi a pu sauver ses canons. La colonne droite destinée à couper la retraite, a trouvé les chemins tellement gâtés par les pluies et les coupures, que la cavalerie a pu à peine s'en tirer au pas. Nous n'avons eu que 7 à 8 blessés. Pendant cette expédition, notre avant-garde de Cysoing a pris un poste avancé de 7 hommes dont 3 hulans qui se sont mal défendus contre les hussards de la République. Le général *Labourdonnais* a travaillé lui-même pour planter l'arbre de la liberté à Lannoy.

Lannoy, 2 novembre 1792.

Au Citoyen Rédacteur,

Vous me demandez des nouvelles, cher concitoyen, je vous en donne une bonne. Nous sommes partis, comme vous le savez, du camp de la Magdelaine, ce matin à trois heures, nous avons marché sur Lannoy. Chemin faisant, nous avons été joints par plusieurs détachemens avec du canon. L'avant-garde, composée du 13me régiment d'infanterie, n'a presque trouvé aucune résistance. Quelques fusillades sur les avant-postes et deux coups de canon seulement ont fait fuir l'ennemi. A onze heures, nous sommes entrés triomphans dans Lannoy, aux cris de *vive la République*, des malheureux citoyens vexés horriblement depuis deux mois qu'ils étoient obligés de souffrir de pareils hôtes. Le 15me régiment y reste en cantonnement. Le tems ne me permet pas de vous donner d'autres détails.

Le lieutenant-colonel du 15me régiment,
D'Aurière.

De Lille, 6 novembre 1792.

Hier sont arrivés le corps des chasseurs du Hainault et un autre de hussards. Les troupes qui nous arrivent journellement, sans s'arrêter dans la ville, s'acheminent vers le camp établi de Sainghin, Bouvines et Cysoing, ou bien elles vont se cantonner dans les postes de l'extrême-frontière pour tenir les brigands éloignés de notre territoire.

Il est arrivé hier un assez bon nombre de déserteurs. La joie de ces malheureux esclaves lorsqu'ils mettent le pied sur la terre de la liberté ne peut se décrire. La cocarde tricolore que l'on attache à leurs casquettes est mille et mille fois baisée ; les rues retentissent de leurs cris de : *vive la nation françoise, au diable l'empereur,* et ils courent baiser amoureusement l'arbre de la liberté.

Au moment où nous allons à la presse, on entend le canon de toute part, on dit qu'on attaque Tournay et le Pont-Rouge.

Warneton, le 6 novembre 1792, an 1er de la République.

AU CITOYEN RÉDACTEUR,

Nous sommes entrés à Warneton hier à midi ; les Autrichiens ont fait une vive résistance. Ils étoient tellement retranchés que, depuis le Pont-Rouge jusqu'ici, toute la chaussée est dépavée. Nos chasseurs belges et ceux de Paris ont sauté dans les retranchemens de l'ennemi et lui ont fait treize prisonniers. Nous avons eu onze blessés, tant Belges que chasseurs de Paris, qui ont été en avant avec nous. Nous avons chassé et poursuivi l'ennemi tout à l'entour de la ville. Je ne saurois assez louer la bravoure de nos gens et des chasseurs de Paris ; le lieutenant Decamp s'est particulièrement distingué. Nous partons à l'instant pour Comines.

Signé : OSTEN, *colonel.*

De Lille, 7 novembre 1792.

La journée d'hier fera époque dans l'histoire de la guerre présente. Le fameux et inaccessible poste du Pont-Rouge, sur la Lys, fortifié avec tant de soin et de dépense, toujours occupé par un grand nombre de brigands de l'Autriche, que les braves habitans de Quesnoy, de Verlinghem, de Frelinghien, de Wambrechies et d'Armentières, réunis le plus souvent aux intrépides Belges, ont toujours repoussés avec une intrépidité et un vrai courage républicains, a enfin été emporté dans la matinée. Il a été attaqué avec une artillerie formidable par les valeureux gendarmes nationaux de Paris. Ce superbe corps, composé de 5000 hommes, s'est couvert de gloire, et ses artilleurs se sont fait admirer par l'extrême dextérité et justesse dans leurs manœuvres. Nous n'avons que 5 de tués et quelques blessés dans cette hardie expédition. On compte que l'ennemi a perdu beaucoup de monde, et dans ses retranchemens et dans sa retraite de Warneton. Maître du pont de la rivière et du poste, on a marché sur Warneton, qui a été emporté d'emblée à la suite de quelques coups de canon. A cette seconde expédition, l'ennemi, repoussé et en déroute, a encore perdu beaucoup de monde; nous n'avons eu que 3 hommes tués. Les brigands qui occupoient Comines-France en ont aussi été balayés. Notre frontière, dans ce moment, est absolument purgée de cette vermine infecte, et nos guerriers marchent librement sur la West-Flandre ; le bruit se répandoit même hier soir que les Belges étoient entrés dans Menin. On a amené à Lille au moins 60 à 80 prisonniers, et plus de 30 déserteurs sont venus embrasser l'arbre de la liberté.

Wervicq, le 8 novembre 1792, an 1er de la République.

Hier, nous sommes arrivés à Comines. J'avois ordre de loger sur la route de Comines à Wervicq avec la compagnie des chasseurs belges de Chantinnes, et les chasseurs de Paris ensemble au nombre de cent dix hommes. Arrivés à l'endroit destiné pour les logemens, nous ne trouvâmes ni places, ni vivres suffisamment, et nos gens brûloient d'aller souper à Wervicq ; c'est ce qui arriva.

D'abord à cinq heures, notre petite troupe étant sous les armes, je fis reconnoître les postes ennemis que l'on découvroit devant nous et de très près. Il eût été imprudent selon moi de rester au logement destiné. Nous marchâmes fort joyeux sur la droite en allant sur Wervicq. Arrivés aux postes avancés, nous eûmes le succès désiré. Nous poursuivîmes les Autrichiens jusque dans Wervicq même, où ils étoient en nombre de 5 à 600 fantassins et hulans. Arrivé dans l'endroit, j'envoyai un hussard qui étoit avec moi, à Comines, demander au général de faire avancer du canon sur la gauche de Wervicq où l'ennemi se retiroit précipitamment. Les canons et les troupes arrivèrent bientôt de Comines; après quelques décharges d'artillerie, l'ennemi fut délogé, et les François entrèrent sur la gauche dans Wervicq tandis que nous y étions déjà sur la droite.

Cette affaire ne nous a coûté que deux Belges blessés, mais les Autrichiens s'en souviendront. Ils ont laissé 30 à 40 des leurs dans l'endroit, qui probablement n'ont pas eu le tems de joindre les autres.

Les hulans en fuyant à toute bride, crioient dans les rues en leur langage : *5ooo François !* tandis que nous n'étions que 50 Belges et 60 chasseurs de Paris.

Les habitans de Wervicq ont célébré notre entrée par des acclamations de joie, la musique et une illumination. Ce jour étoit un jour de fête. Les magistrats ont montré la plus grande activité pour nous procurer les logemens et subvenir à nos besoins. Ces braves magistrats avoient dès la veille ordonné en secret aux boulangers de cuire du pain pour les François, leurs libérateurs.

Signé : Osten, *colonel*.

De Lille, 8 novembre 1792.

Dans la journée mémorable du 6, l'armée aux ordres du général *Labourdonnais*, a été divisée en quatre colonnes.

Comme un éclair, ces quatre membres vigoureux ont porté, en même tems, le terrible coup de massue, qui extermine l'hydre dévorant qui ravageoit depuis si longtems cette frontière. La première colonne s'est emparée du Pont-Rouge, la deuxième de Warneton et les deux autres de Comines, Halluin et Roncq. Outre l'expulsion des brigands qui souilloient notre territoire, ce coup de maître nous rend la navigation de la Lys, interrompue depuis plus de deux mois. Il paroit que c'est à Comines où nous avons perdu le plus de monde : 7 militaires, 2 bourgeois et une femme ont été tués. On prétend que les Autrichiens, dans ces divers chocs, ont perdu plus de 700 hommes. Un citoyen du canton de Wattrelos, nous a dit avoir été forcé à fournir des voitures pour le transport sur terre autrichienne, de 350 hommes, tant morts que blessés. Pendant ces quatre attaques le général Labourdonnais faisoit canonner le pont de Menin et celui de Rœsbruge sur la route de Bergues et d'Ypres, afin d'empêcher les Autrichiens de réunir leurs forces sur le Pont-Rouge et Warneton, qui étoient les seuls postes importans de s'emparer, puisque les grandes opérations des armées ont pour but de se rendre maître de Mons et de Tournay, afin de balayer les Allemands des belles provinces des Pays-Bas. Un courrier arrivé hier soir à onze heures, a apporté l'heureuse nouvelle de la prise de Mons. Nos guerriers françois ont monté à l'assaut et sont entrés dans la ville l'arme blanche à la main. Sans doute que les satellites du monarque despote auront été passés au fil de l'épée. Demain nous aurons sans doute des détails importans sur cette terrible affaire. Tournay sera incessamment attaqué. Fasse le ciel que nos frères de la bourgeoisie s'arment et se pénètrent de ce sentiment de liberté et d'égalité, la terreur des despotes et de ses vils agens qui les assujettissent à un joug de fer, qui dégrade l'espèce humaine, afin d'éviter les maux incalculables que vient d'éprouver Mons.

*
* *

Le camp de la Magdelaine qui, il y a quelques jours, est allé s'établir sur Bouvines, Sainghin, Cysoing, route de Tournay, se forme de nouveau par les troupes qui nous arrivent journellement et déjà il est très nombreux. Nos succès dans la West-Flandre sont très rapides. On assure que nos troupes sont dans Menin. Enfin la cause de la liberté et de l'égalité triomphe de toute part.

A l'auteur de la Gazette du Département du Nord.

De Comines-libre, 8 novembre 1792, an 1er de la République.

Oui, cher concitoyen, nous sommes enfin délivrés de la plus dure servitude et, comme vous l'avez annoncé dans votre feuille de mardi dernier, la terre de la liberté n'est plus souillée par l'odieuse résidence des brigands et des tigres, lâchés contre nous par l'Autriche. Ils ont disparu, ou plutôt ils ont fui devant nos braves sans-culottes ; le peu qui a fait mine de résister, ou, a mordu la poussière, ou, a été fait prisonnier.

L'attaque du côté de Comines a commencé mardi dernier 6 courant, vers six heures du matin et, à neuf heures, l'arbre tutélaire de la liberté étoit planté sur la place : nos libérateurs, après trois heures d'une vigoureuse lutte, ont franchi les énormes retranchemens qu'avoient pris tant de soin de fortifier et de défendre les satellites de l'architigresse.

Hélas ! et c'étoit à des travaux de cette nature que furent forcés de prêter leurs mains et leurs bras mes trop infortunés amis, mes chers paroissiens, pour éviter les coups atroces d'un infâme bâton. Ah ! quel beau moment pour moi, quelle douce sensation mon cœur a ressentie, que je pleurois de bon cœur, en revoyant ce bon peuple m'accueillir avec les mêmes transports qu'il venoit de témoigner aux généreux soldats-citoyens à qui il devoit sa délivrance et que je n'avois pu que suivre. Qu'on est heureux, cher concitoyen, d'avoir une âme sensible, lorsque la sensibilité peut s'exercer sans efforts sur des situations aussi touchantes : je fus plus de deux heures sans pouvoir échapper aux franches caresses, aux fraternels embrassemens que me prodiguoient à l'envie, hommes, femmes, enfans, vieillards, même les soldats-citoyens qui, sans me connoître, sembloient vouloir participer à cette fête de famille ; c'étoit à qui m'offriroit des rafraîchissemens, sa maison, des secours : « Vous ne vous en irez plus, cette fois », me dit en me serrant la main un capitaine attendri de cette scène délicieuse. La musique de son régiment étoit là, et nous battîmes ensemble la mesure de l'air héroïque de l'hymne marseillois.

Nous avons perdu de 10 à 12 hommes dans cette affaire et nous comptons une trentaine de blessés.

La perte des Autrichiens a dû être plus considérable, car, outre la grande quantité de charriots qu'ils ont chargés de morts et de blessés, on en a encore trouvé deux, cachés dans des endroits couverts : je leur ai ce matin donné la sépulture.

On nous assure positivement qu'Ypres a été évacué hier matin par les Autrichiens, ainsi que Menin : ce sont deux bons postes à occuper, je m'étonne qu'on ne se soit pas déjà mis en mesure pour en prendre possession au nom de la nation belgique.

En ce moment, plus de 500 patriotes comblent, en chantant la *Carmagnole*, les tranchées qui coupoient la ville dans plus de dix endroits. Je suis, etc...

Duvivier,
Citoyen-curé de Comines-libre.

De Lille, 16 novembre 1792.

Les braves canonniers volontaires d'Arras, qui ont volé à notre secours pour balayer les brigands de l'Autriche de notre territoire, se sont trouvés à l'affaire de Warneton, et conjointement avec la valeureuse gendarmerie nationale de Paris, ils ont emporté ce poste et ont repoussé avec un courage, digne du plus grand éloge, les nombreux satellites qui l'occupoient et qui dévastoient notre territoire depuis si longtems. Voici une pièce que la municipalité de ce lieu nous adresse au sujet de ces défenseurs officieux de la patrie. Nous regrettons à notre particulier de n'avoir pas été informé plus tôt du dévouement de ces excellens citoyens pour leur payer le juste tribut d'éloge dû à la valeur.

Warneton, le 15 novembre 1792, an 1er de la République.

Citoyen,

Nous voyons dans votre feuille du samedi 10 de ce mois, ces mots : « La pièce qui suit atteste que cette troupe (en parlant de la gendarmerie parisienne) qui mérite les plus justes éloges a *seule* fait la conquête de Warneton ».

Sans vouloir rien ôter à la bravoure de ces dignes soldats, nous sommes bien aise de rendre aux citoyens canonniers d'Arras, commandés par le citoyen *Chevalier*, la justice qui leur est dûe, en vous prévenant qu'ils se sont également distingués à la prise de cette place, dans laquelle ils sont entrés les premiers par la porte de Lille, avec l'artillerie de la dite gendarmerie, et que depuis lors ils s'y comportent avec toute honnêteté et attendent avec empressement des ordres pour aller en avant.

Nous vous prions, citoyen, d'insérer cette lettre dans votre feuille prochaine.

Les avoués et échevins de Warneton.
Signé : A. Vandermers, *Maire*,
Hennesel, *secrétaire*.

Lille, le 8 novembre 1792.

Représentans du peuple,

Le général Labourdonnais étoit parti ce matin du camp de Sainghin pour venir un instant ici, où il avoit des ordres à donner ; à midi, l'aide-de-camp du maréchal-de-camp Ruault lui a apporté la nouvelle qu'un citoyen venoit d'arriver à toutes brides au quartier général, pour l'informer que les Autrichiens avoient évacué Tournay la nuit dernière à deux heures du matin. Des ordres ont été donnés sur-le-champ pour faire marcher une forte avant-garde chargée de s'assurer si Tournay est effectivement évacuée.

Cinquante chasseurs à cheval du 5me régiment s'étant portés en avant du camp de Sainghin, pour faire une reconnoissance, ont tué quarante-trois tyroliens ; ils auroient pu se retirer sans perdre un seul homme, mais ayant voulu sabrer les ennemis restés sur le champ de bataille, des hulans cachés dans un bois leur ont tué dix hommes. C'est une perte, car ce régiment fait parfaitement la guerre. L'artillerie françoise mérite les plus grands éloges. C'est un corps bien précieux pour la République, il est aussi patriote que brave, et se couvre de gloire dans toutes les actions.

Les chasseurs à pied de Paris, nouvellement organisés, se conduisent parfaitement et se battent comme des lions.

Le général Duval a fait dégrader hier, à la tête du camp, un officier et un maréchal-des-logis des hussards de la République, qui avoient fui devant l'ennemi ; ils ont été rasés et leurs uniformes et marques distinctives ont été brûlés ; les troupes ont applaudi à cette punition. Les défenseurs de la liberté n'aiment pas les lâches.

De Lille, 9 novembre 1792.

Si la nouvelle de la prise de Mons, sans pourtant, en avoir reçu aucun détail, a porté la joie dans tous les cœurs républicains, elle a dû verser à long trait le fiel de la rage dans l'âme du vil despote et de ses cruels agens.

Hier soir, comme par enchantement, toute la ville de Lille s'est trouvée illuminée, même les honorables ruines de 526 maisons détruites dans le quartier St-Sauveur, par l'effet de l'horrible bombardement du farouche *Albert*. Ce monstre sanguinaire, ce fléau des humains, n'a pas dans ce moment à se glorifier de tant de forfaits, puisque s'il n'a déjà déguerpi le pays où il tenoit les peuples dans la plus exécrable servitude, il ne peut tarder comme le font tous les lâches, de fuir, sous peine de tomber dans les mains de nos valeureux guerriers.

Les François sont entrés dans Tournay sans coup férir, et ils y ont été reçus comme des frères. Le quartier-général s'y est établi, et toute la nuit s'est passée en réjouissances, illuminations, etc...

Nos troupes sont dans Menin depuis deux jours, et la conquête de ces belles provinces à la liberté, sera pour nous le prix du dédommagement des brigandages exercés par ces corsaires sur notre territoire pendant plus de deux mois.

———

Lille, 10 novembre 1792.

Les dames tournésiennes (*sic*) et généralement tous les citoyens de Tournay, viennent visiter nos ruines et leurs frères les Lillois. Leurs voitures sont ornées de lauriers entrelacés de cocardes et rubans tricolores. La municipalité de Tournay, sitôt que les Autrichiens ont eu évacué la ville, s'est décorée de l'écharpe civique et est venue en corps au devant de l'armée françoise. Elle étoit propriétaire de ces écharpes depuis la malheureuse affaire du Pas-de-Baisieux, époque d'où devroit dater leur liberté.

On travaille à des préparatifs sur la place d'armes et sur les ruines de Saint-Sauveur pour des réjouissances qui auront lieu demain.

———

De Lille, 11 novembre 1792.

Les Tournésiens (*sic*) viennent visiter les Lillois et ceux-ci couvrent la route de Lille à Tournay. L'artillerie de siège, les fassines, les gabions, les munitions, etc... qui devoient servir pour le siège de cette ville et qui, heureusement pour l'humanité, ont été inutiles, rentrent par convois dans Lille. Le quartier-général occupe à Tournay le palais épiscopal. Les citoyens-commissaires à la frontière du Nord s'y sont rendus. Aujourd'hui, ce matin à 11 heures le décret qui déclare que

Les Habitans de Lille ont bien mérite de la patrie

a été publié avec l'appareil et la solennité dignes du civisme que les Lillois ont manifesté pendant l'horrible bombardement [1].

De Lille, 12 novembre 1792.

Le décret de la Convention nationale du 12 octobre dernier qui déclare que *les habitans de la ville ont bien mérité de la patrie*, a été publié hier avec la solennité et l'appareil convenables à la cérémonie de la distribution d'une récompense, où chaque individu d'une grande population a un intérêt, récompense à jamais mémorable et digne du civisme que les courageux Lillois ont soutenu avec intré-

---

[1] Dans la séance de la Convention du 8 octobre, Gossuin avait présenté le projet de décret suivant :
1° La Convention déclare que la ville de Lille a bien mérité de la patrie; elle a applaudi à la bravoure et au civisme des habitans et de la garnison.
2° Il sera fait don à la commune de Lille, d'une bannière aux trois couleurs, portant pour exergue : *A la ville de Lille, la République reconnoissante.*
3° Il lui sera accordé une indemnité provisoire de deux millions, sur le produit de la vente des biens des émigrés.
4° Les Commissaires de la Convention examineront les dommages éprouvés par ses habitans.
5° Albert de Saxe ayant fait la guerre de la manière la plus horrible et la plus traître, la République met sa tête à prix et accorde cent mille livres de récompense à celui qui l'apportera.

pidité, sous une voûte de feu tombée sur eux en éclats ardens pendant huit jours consécutifs et sans relâche. Dès le matin la fête a été annoncée par le canon de nos remparts. La garde nationale, des détachemens de différens corps de ligne de la garnison, en belle tenue, partis de leurs postes respectifs, sont venus se former en bataillon carré sur la grande place. La municipalité, les commissaires des corps constitués, sont sortis de l'hôtel commun à 11 heures du matin, escortés de détachemens de gardes nationaux et de ligne de toutes armes, précédés de deux pièces de canon et d'une musique bruyante ; après avoir été faire lecture de cette loi sur les ruines de St-Sauveur, la place de St-Louis [1], le cortège est arrivé vers midi et demi. Il s'est placé sur une estrade dressée à cette occasion. Un greffier a lu la loi, et aussitôt après, une salve d'artillerie s'est fait entendre, l'air a retenti des cris de : *Vive la nation, la république, la liberté et l'égalité.* Le soir la ville a été illuminée. L'estrade sur la grand'place étoit surmontée d'une colonne en transparent sur la base de laquelle on lisoit : *Les habitans de Lille ont bien mérité de la patrie,* et au milieu, cette autre inscription : *Liberté fruit du courage.* L'illumination de ce temple, élevé à la joie publique, dont la simplicité républicaine faisoit tout l'ornement, étoit de plusieurs feux et très brillante. Sur les ruines des 526 maisons en une masse, détruites dans le quartier St-Sauveur, on avoit aussi construit un temple, au milieu duquel s'élevoit également une colonne, portant

---

[1] La place St-Louis était l'esplanade du fort St-Sauveur qui fut aussi appelé le Réduit. Après l'agrandissement de 1860, on y planta un square qui, après avoir reçu le nom de square du Réduit, s'appelle square Ruault depuis 1882.

cette inscription, simple, vraie et énergique : *Vois ici des tyrans et la honte et la rage; vois ici des Lillois la gloire et le courage.* Des faisceaux de drapeaux tricolores en ornoient la base et le chapiteau, et le bonnet de la liberté la couronnoit. L'illumination étoit aussi de feu de couleurs. Celle des ruines inspiroit une sorte de frémissement et d'horreur dont il seroit difficile de se rendre compte à soi-même. Ici, derrière une masure, c'étoit des pots à feu qui annonçoient une incendie dont la fureur dévorante se calme faute d'aliment; plus loin on apperceroit une fumée épaisse qui sortoit des fondations où s'élevoit d'un moment à l'autre des tourbillons de flammes ; là, c'étoit le feu qui consumoit paisiblement les restes d'une charpente sur le pignon d'un mur calciné et prêt à tomber ; enfin c'étoit mille feux répandus çà et là dans des ruines inégales que l'œil du spectateur ne découvroit que selon la position qu'il prenoit. Le drapeau tricolore dont le décret fait mention et envoyé par la Convention nationale a été arboré sur les ruines du clocher de St-Étienne. Toute la nuit il y a eu une musique bruyante sur la grand'place. Les coups de fusil, de pistolet, les artifices, que l'on entendoit de toutes parts, singeoient presque l'affreux bombardement dirigé par ce farouche *Albert,* et qui couvre de gloire les Lillois.

Lille, ce 12 novembre 1792, an 1ᵉʳ de la République françoise.

J'ai lu, citoyen, dans vos feuilles, la description de la fête civique qui s'est donnée hier au sujet de la proclamation du décret qui déclare que les habitans de Lille ont bien mérité de la Patrie. J'étois chargé des décorations en transparant, qui formoient l'ensemble de la pyramide qui étoit sur la place. La précipitation avec laquelle il a fallu que le tout soit exécuté, a fait manquer de précision aux citoyens chargés de l'illumination, ce qui a dû faire perdre différentes choses des allégories analogues aux circonstances. Je vous en envoie le détail, que je vous prie d'insérer dans vos feuilles. Au haut des gradins, j'avois indiqué un premier socle pour élever le soubassement, ce qui n'a point été exécuté ; le soubassement étoit décoré de couronnes de chêne, récompense des vertus civiques ; elles étoient enlacées par un serpent se mordant la queue, simbole de l'immortalité, et y appendue la balance, allégorie de l'égalité et de la justice ; au-dessous étoit écrit *Égalité*. Ce soubassement, en marbre de Florence ; sur le socle au-dessus, de couleur granit rouge, étoit l'inscription portant : *Les habitans de Lille ont bien mérité de la Patrie.* Sur le corps de la pyramide, une figure de la Renommée, sous la double allégorie de la Victoire, indiquée par la couronne d'étoiles d'or au-dessus de la tête, d'une main embrassant un faisceau, emblême de la République, au travers duquel s'élance la pique, désignant l'unité, la couronne murale, la fermeté des habitans, et la branche de chêne, la récompense méritée. De l'autre main elle tient une trompette qu'elle embouche. Sur la bannière est inscrit *Lille*. A ses pieds un groupe d'armes, d'où s'élèvent des piques qu'un drapeau tricolore enveloppe, surmonté d'un bonnet de Liberté. L'enveloppe des piques indique que c'est sous un même drapeau qu'il faut marcher. Au-dessus est inscrit *Liberté, fruit de la valeur*. L'allégorie au-dessus, représentée par un joug brisé, en est l'emblême.

Je suis très parfaitement votre tout dévoué serviteur.

L. VERLY,
peintre-décorateur.

De Lille, 13 novembre 1792.

A l'auteur de la Gazette du département du Nord.

Citoyen,

En rendant compte de l'illumination générale qui a eu lieu hier soir, vous jugerez peut-être à propos de parler de celle de ma manufacture. La figure de la liberté, posée sur un autel antique, foule à ses pieds la couronne de France et écrase l'hydre du despotisme, avec le poignard dont elle est armée, elle fond sur les couronnes d'Empire, d'Espagne, de Sardaigne, etc... Au bas est cette exergue :

Vous expirerez tous, implacables tyrans.

Quatre pins, selon l'usage des premiers hommes, soutiennent une toile tricolore qui forme la voûte du temple.

Sur les côtés sont deux pyramides reposant sur des bombes, sur le bas cette inscription :

Les droits de l'homme si longtems méconnus, sont rétablis par l'humanité entière.

Sur la deuxième :

Les François n'ont plus pour maîtres que les loix de la République.

Les citoyens et les volontaires du canton se sont réunis pour chanter l'Hymne marseilloise devant la statue de la Liberté, ensuite on a dansé la carmagnole. Je vous souhaite bien sincèrement le bonjour.

Gaborria [1].

---

[1] Gaborria était directeur et co-propriétaire de la Manufacture Royale de porcelaine de Mgr. le Dauphin, fondée à Lille en 1782 par Leperre-Durot. C'est en 1790 que Gaborria avait succédé à ce dernier ; la manufacture se trouvait place des Carmes, à l'entrée de la rue du Pont-à-Raisnes.

De Lille, 15 novembre 1792.

Il nous est impossible de distribuer, avec la feuille de ce jour, le feuilleton des affiches et annonces. Cinq de nos compagnons imprimeurs, à la suite des réjouissances qui ont eu lieu dimanche, se sont engagés au service de la patrie, et nous ont laissés dans le plus grand embarras. Les gazettes de mardi et de hier, sont le fruit d'un travail surnaturel, et celle d'aujourd'hui, nous la devons aux bontés d'un de nos confrères, qui a bien voulu suspendre les travaux de son imprimerie et engager deux de ses compagnons à venir à notre secours ; sans quoi il nous auroit fallu succomber à un travail auquel nous sommes peu accoutumés, mais que la nécessité nous a fait un devoir d'entreprendre pour satisfaire à nos engagemens. Nous réparerons ce retard sitôt que des ouvriers que nous attendons seront arrivés.

De Lille, 17 novembre 1792.

Notre ville jouit de la plus parfaite tranquilité. Les munitions et les fourrages et autres provisions qui avoient suivi l'armée du général Labourdonnais, n'étant plus d'aucune utilité dans le camp de Sainghin, sont ramenés pour être réenmagasinés ici.

De Lille, 19 novembre 1792.

Les citoyens commissaires, dispersés depuis quelque tems dans les départemens du Nord et du Pas-de-Calais, se réunissent de nouveau à Lille. Les déserteurs autrichiens continuent à venir baiser cet arbre de la liberté, qui naguère étoit payé 300 livres lorsqu'ils en traînoient un à Tournay. Nous aurons bientôt de nouvelles réjouissances à l'occasion de la conquête des provinces belgiques. On travaille sur la grand'place aux préparatifs pour célébrer cette nouvelle fête. On dit que le général Dumouriez arrivera ici jeudi.

De Lille, 21 novembre 1792.

Hier et avant-hier il nous est encore arrivé quelques bataillons de volontaires nationaux. Nous jouissons de la tranquilité la plus parfaite. Les Flamands de l'extrême frontière, qui n'ont pas moins que nous été en proye au brigandage des satellites allemands, s'empressent de nous visiter fraternellement et d'approvisionner nos marchés. Les maltraitemens, les horreurs en tous genres qu'ils nous racontent avoir essuyés pendant le séjour de ces brigands sur notre territoire et sur le leur, font frémir, il y en a même qui sont incroyables.

De Lille, 23 novembre 1792.

La fête patriotique, en réjouissance de l'entrée des François en Savoie, qui a eu lieu hier et la nuit dernière, a été annoncée dès mercredi soir par le son des cloches qui nous restent encore. La municipalité, pour donner à cette fête un appareil digne de la majesté d'un peuple souverain, a fait construire une vaste estrade sur la place d'armes, au milieu de laquelle s'élevoit une pyramide triangulaire, couronnée par la Renommée. Les bases étoient ornées de trophées d'armes entrelacés de drapeaux tricolores et autres attributs de guerre. Il y avoit quatre entrées formées par des escaliers majestueux ornés de rampes et d'ornemens de sculptures. Les espaces du tour que laissoient ces ouvertures étoient entourés d'une balustrade où, à distance égale, étoient des socles sur lesquels on avoit placé les bustes de quelques grands hommes qui, sans doute, se sont fait un nom en défendant la cause des peuples contre les tyrans, car il en exista dans tous les tems. Hier, la garde nationale, les troupes de ligne de la garnison en grande tenue, partant de leurs rendez-vous respectifs, sont venus se former en bataillon carré à l'entour de ce monument élevé à la gloire de la nation. A trois heures, les corps constitués, le conseil de la commune, accompagnés des citoyens commissaires de la Convention nationale, députés à la frontière du nord, qui avoient été invités à cette fête, sont sortis de l'hôtel commun, escortés par des détachemens de gardes nationaux et de troupes de ligne. Le cortège, précédé de deux pièces de canon et d'une musique guerrière, a parcouru une partie de la ville avant de se rendre sur la grand'place où, après la lecture de la loi, la musique a entonné l'hymne des Marseillois, au bruit d'une décharge générale de l'artillerie des remparts. Après un discours, que le plus pur patriotisme a inspiré au citoyen commissaire *d'Aoust*, adressé au peuple, ses collègues ont été de bataillon en bataillon inspirer, par des harangues particulières, le même feu qui les anime pour la sainte cause de la liberté et de l'égalité. Le soir, l'estrade a été magnifiquement illuminée, mais la pluie, sans doute, est cause que les lampions de la pyramide n'ont pu être allumés. Toute la ville, sur l'invitation des officiers municipaux, a été illuminée.

> Les tyrans par le meurtre annoncent leurs projets,
> L'homme libre combat et préfère la paix,
> L'étendard tricolore flottant en haut des Bauges
> Rend à la liberté les heureux Allobroges.

.*.

Hier, l'énorme aigle de bronze doré qui couronnoit le beffroi de Tournay, a été conduit à Lille sur un chariot traîné par quatre chevaux. On dit qu'on va transporter ce trophée à Paris. Toutes les armoiries de la perfide maison d'Autriche que l'on rencontroit à chaque pas, sont détruites dans les provinces belgiques si longtems courbées sous son joug de fer, et l'on s'occupe sans cesse d'en effacer jusqu'au plus petit vestige, le souvenir amer à la génération actuelle et la honte à celles qui l'ont précédée.

Le lieutenant général *Lanoue*, qui, le 4 octobre, avoit été décrété d'accusation en conséquence d'une dénonciation du ministre *Servan*, d'après la plainte portée par le général *Labourdonnais*, sur son refus de venir au secours de Lille pendant son bombardement, vient d'être déchargé par le tribunal criminel du département séant à Douay, auquel la Convention nationale avoit attribué le jugement de cette affaire; ce général est allé rejoindre le général *Dumouriez*, dans la capitale du Brabant.

Comme on le voit, moins de deux mois après le départ des Autrichiens, les Lillois avaient oublié les souffrances et les angoisses de cette semaine épouvantable du Bombardement. Ils ne pensaient plus qu'à célébrer les succès grandissants des troupes de la République qui, de toutes parts, repoussaient de notre territoire les armées de l'Europe coalisée.

La retraite des Autrichiens avait été le signal de l'évacuation par l'ennemi de toute notre région, et, dès lors, les Impériaux, chassés par nos soldats des villages et des bourgs de nos environs, durent bientôt repasser la frontière.

Puis, ce ne fut plus qu'une suite de victoires pour nos armes : l'une après l'autre, toutes les villes des Pays-Bas, depuis Mons et Tournai jusqu'à Liège, Malines et Anvers, tombèrent en notre pouvoir.

On conçoit facilement que les échecs répétés de ceux qui avaient détruit de fond en comble leurs maisons et leurs édifices aient réjoui le cœur des Lillois et contribué à leur faire oublier leurs désastres.

D'autre part, la Convention avait tenu les promesses de ses commissaires, et remboursé intégralement en espèces toutes les pertes éprouvées par nos concitoyens, non-seulement à Lille, mais dans les campagnes environnantes.

De plus, leur résistance n'avait-elle pas préservé d'une invasion la France toute entière ? De tous les points du pays, des témoignages d'admiration, des félicitations, des adresses de remerciement parvenaient aux braves Lillois : douze départements, plus de soixante villes se firent un devoir d'envoyer au corps municipal des lettres officielles pour manifester leur reconnaissance.

Enfin, récompense suprême, inestimable dans sa simplicité et dont tous les descendants des Lillois de 1792 ont le droit de s'enorgueillir comme d'un titre de noblesse, la Convention avait décrété que :

LA VILLE DE LILLE A BIEN MÉRITÉ DE LA PATRIE.

DOCUMENTS COMPLÉMENTAIRES

LISTE des Membres composant le Conseil général de la commune de Lille, à l'époque du bombardement de 1792.

CORPS MUNICIPAL

Maire

François-Étienne-Jean-Baptiste ANDRÉ.

Officiers Municipaux

Barthélémi BROVELLIO.
Philippe-Joseph QUESTROY.
Pierre MARICOURT.
Jacques CHARVET.
Nicolas-Joseph SALADIN.
Pierre-Marie-Régis DUROT.
Jean-Louis-Mathurin BERNARD.
Guillaume-Joseph LEFEBVRE-D'HENIN.
Alexis-Joseph MOTTEZ.
Benoit-Joseph FORCEVILLE.
François-Régis-Benjamin DEVINCK-THIERY.
Louis-Joseph SCHEPPERS.
Philippe BRAME.
Théophile-Joseph LACHAPELLE.
Philippe-Joseph MOURCOU.
Jean-Baptiste-Aimable-Joseph HAUTECŒUR.
André-Joseph SELOSSE.

Procureur de la Commune

François-Joseph SACQUELEU.

Substitut

Henri-François-Marie DEVINCK.

Secrétaire-Greffier

Philippe-Alexandre ROHART, *par intérim.*

Notables

Thomas-Joseph Roussel.
Guillaume-Simon-Albert Cuvelier-Brame.
François-Joseph Becu.
Jean-Baptiste Walop.
Jean-Baptiste-Augustin-Didier Taviel.
Joseph Dehau.
Nicolas-Joseph Gentil.
Jean-Baptiste Prouvost.
François-Joseph Dupont.
Louis-Joseph Nolf.
Jacques-Bruno-Joseph Houzé.
Pierre-Joseph Sauvage.
Charles-Louis-Joseph Becu.
Jean-François Detoudi.
Alexandre-Joseph Deledeuille.
Séraphin-Joseph Mannier.
Pierre Dupont.
Philippe-Auguste Petit.
François-Bonaventure Thery.
Louis-Joseph-Michel-Fortuné François.
Henri-Élisabeth Moreau.
Aylmer Bryan.
Hubert-François-Joseph Capron.
François Martel-Delannoy.
Charles-François-Joseph Lefebvre.
Henri-Louis-François Laurent.
Jean-Baptiste Deledeuille.
Louis-Augustin-Joseph Dathis.
Ferdinand-Joseph Delannoy.
Philippe-Joseph Degand.
Louis-Joseph Decroix.
Hippolyte-Joseph Pinte.
Louis-François Darcy.

ÉTAT des Troupes qui composoient la garnison de Lille, à l'époque du 5 Septembre 1792, que les postes de Roubaix et Lannoy ont été attaqués.

Volontaires nationaux.	La Manche. . . . . 522 1er. de l'Oise . . . . 457 3me. de l'Oise. . . . 457 4me. de la Somme. . 576	2,012		Dans ce nombre sont compris les prisonniers de guerre faits à Roubaix et Lannoy, les Hôpitaux et les recrues non-instruits ; et dans la cavalerie, le nombre des chevaux en état de servir n'étoit que de 600.
Infanterie..	15me. régiment . . . 666 24me. . . . . . . 576 56me. 645 90me. 513	2,400		
Artillerie.	3me. régiment . . . 132	132		
Cavalerie .	6me. — . . . . 356 13me. — . . . 450 1 escad. d'hussards . 322	1128		

TOTAL au 5 Septembre   5672

TROUPES arrivées dans la Place, à commencer du 11 Septembre 1792.

	L'Eure, 11 7bre. 467 Le Nord. 14 — . 368 2e, la Somme, 20 —. 660 Calvados, 21 —. 654 2e. vol. nat. —. 745 Pas-de-Calais —. 482 74e. rég. d'inf. 8bre . 524 87e. idem —. 429 Bataillons de Fédérés	8403
Ces six bataillons sont cantonnés.	6me., 1er. 8bre. . . . 362 8me., 1er — . . . . 400 14., 1er — . . . . 450 15., 1er — . . . 540 16. 1er — . . . . 480 17., 1er — . . . . 564 22me.d'inf.4—. . . . 620 19me. Id. 5—. . . . 658	
	TOTAL	14075

CONTROLE du corps des canonniers volontaires de Lille, en 1792.

(Extrait des *Annales*, de Brun-Lavainne).

Ovigneur, capitaine.
Delecocq, lieutenant.
D'Hellemmes, sous-lieutenant.
Froidure, sergent-major.
Castel, sergent.
Debraux, id.
Hecquet, id.
Dusart id.
Blanchez, caporal.
Selosse, id.
Hauwel, id.
Senez, id.
Liébart, id.
Leva, artificier.
Boutry, id.
Ph. d'Hellin, ouvrier.
Magnier, id.
Debras, id.
Duprez, sapeur.
Mahieu, id.
Gibert, id.

Canonniers

J.-B. Dubrusle.
Longhaye.
Michaud.
Rubrecq.
Rohart.

Deletombe.
Druon.
P. Delecour.
F. Hovine.
Sinave.

Martyns, Hans.
Ch. Lefebvre.
Haut-Cœur.
Demaline.
Cottignie.
Masse.
Quittez.
Ancelin.
Deruelle.
Charles Balé.
Delesalle.
Degroux.
Caquant.
Parent.
Charles Martel.
Léonard Vienne.
Delesalle, l'aîné.
De Roulers.
Dubois, dit Joli.
Le Marchand.
Fabre.
Antoine Roefs.
Auguste Desquiens.
Gourmez.
Legrand, l'aîné.
Legrand, cadet.
Decroix.
Wymille.
Reboux.
Wicart.
Laviolette.
Dubrulle.

Lancel.
Leclercq.
Martinez.
Louis Soyer.
Legrand.
Philippe Delemotte.
Poulet.
Adrien Masse.
Poulliard.
F. Lefebvre.
Croiset.
Mathon.
J. Allard.
Bailly.
Élie Dubus.
Lamblin.
F. Desante.
Godefrin.
Bourgois.
Doignies.
Comer.
Pinel.
Jean-Baptiste Vandamme.
Buquet.
Morel.
Dubar.
Ch. Charles.
Jean-Baptiste Rohart.
Joiset.
Barlet.
Dujardin.
Margat.

Ignace Vantourout.   Masquelez.
L. Mahieu.   Salembier.
Maurice.   Somers.
Vandenbroucq.   Franchomme fils.
Dusart, cadet.   Moraux.
Groux.   Vincent Guillain.
F. Bailly.   Brison.
Jean-Baptiste Quef.

Nota. — Malgré les perquisitions les plus exactes, il n'a pas été possible de retrouver le contrôle de la compagnie commandée par le capitaine Niquet, la dispersion des archives du corps pendant la la Révolution est la seule cause d'une omission qu'il n'a pas été possible de réparer.

Extrait d'une lettre écrite par le commandant en chef de l'armée du Nord Labourdonnais, aux officiers municipaux de la ville de Lille.

Douay, l'an 1er de la République françoise,
ce 30 septembre 1792.

Citoyens,

J'ai appris avec plaisir et sans étonnement, la résolution courageuse que vous avez prise d'appuyer les commandans militaires de tout votre patriotisme, en rejetant avec dédain la proposition injurieuse de M. Albert de Saxe.

En effet, le commandant des 12 à 15,000 Autrichiens [1] qui sont devant Lille, a cru les François bien lâches ou vendus à nos ennemis, quand il a osé proposer de rendre une place où vous avez plus de 6500 hommes de garnison

---

[1] Ils étoient plus de 30,000.

et 3500 citoyens armés. La nation françoise est assez riche pour payer quelques maisons incendiées, si le feu des ennemis causoit quelques accidens semblables ; vous pouvez assurer les habitans de ces indemnités, sans crainte d'être désavoués par nos représentans. Mais les braves habitans de Lille ne seront pas long-tems exposés à ces menaces, quand les ennemis sauront vos résolutions, et les secours multipliés que vous êtes au moment de recevoir. Je ne suis arrivé ici que le 28 septembre, et ma première et ma seule occupation a été de prendre les mesures les plus efficaces pour chasser les ennemis du département, et principalement du district de Lille.

Le commandant en chef de l'armée du Nord,
Signé : LABOURDONNAIS.

Lettre du général en chef Dumouriez, aux citoyens de Lille.

D'Autry, le 7 octobre 1792, l'an 4e de la Liberté,
le 1er de la République françoise.

Braves défenseurs du boulevart de la Liberté françoise, ô vous qui m'avez reçu dans vos murs comme un ami, comme un libérateur, lorsque je commandois le camp de Maulde, persévérez dans votre glorieuse défense, j'accours à la tête de 40 mille vengeurs. D'autres troupes me joignent de tous les côtés, nous ferons fuir les barbares dévastateurs de vos campagnes, nous les poursuivrons hors de vos frontières, nous rendrons la liberté aux malheureux Belges ; réunis à eux, nous irons faire repentir les Allemands de leur aveugle obéissance aux tyrans ; nous conquerrons la partie de l'Europe asservie par le despotisme, nous la soumettrons à l'empire sacré de la Liberté et de la raison, nous déposerons ensuite nos armes saintes, qui ne sont destinées qu'à assurer ou venger les droits de l'homme. Sous huit jours, nous vous joindrons ; nous savons bien que vous n'avez pas besoin de notre secours, nous voulons partager vos dangers, sans rien ravir à votre gloire Je veux en mon particulier aller rendre hommage à mes braves compatriotes.

Le Général en chef,
Signé : DUMOURIEZ.

Lettre du citoyen Codron, maire de Cambrai, au Conseil général de la commune de Lille.

AU CONSEIL GÉNÉRAL DE LA COMMUNE DE LA VILLE DE LILLE

Cambrai, le 7 octobre 1792, l'an 1er de la République françoise.

Généreux citoyens, dignes défenseurs du boulevart de la République françoise, daignez à l'occasion faire distribuer le porc salé contenu en trois demi-pièces, sous les numéros 1, 2, 3 ; pour récompense, je vous prie en grâce de m'accorder en retour trois de nos frères blessés, je me charge de les soigner ; retenu par ma place, je ne peux aller périr ou vaincre avec vous, mais si vous manquiez de monde, parlez, et nous suspendrons tout, pour aller partager la gloire immortelle dont vous vous couvrez.

Je suis votre frère,

A. L. CODRON,
Citoyen et Maire.

Mon jardinier et mon garçon de cave conduisent ce foible présent, et soulageront par leurs soins dans la route le noble présent que j'attends ; si mon jardinier, qui est marié, peut seul me ramener mes frères souffrans, gardez mon garçon de cave, dont le patriotisme m'est connu ; il me remplacera, son courage suppléera à la science de la guerre.

Lettre de F. L. Aubry, citoyen de Cambrai, aux officiers municipaux de Lille.

A Cambrai, l'an 1er de la République françoise.

Citoyens infortunés,

Je pleure de rage sur les malheurs qui vous accablent et sur les horreurs commises par les scélérats autrichiens. J'ai une grande maison, je puis loger dix personnes ; s'il se trouve de vos habitans qui veuillent se retirer à Cambrai, en attendant que leurs maisons soient rétablies, dites-leur que je remplirai envers eux le devoir sacré de l'hospitalité, et que je n'exigerai pas le moindre loyer ; je désire seulement qu'ils soient munis de draps, parce que je n'en ai pas suffisamment.

Signé : F. L. Aubry,
sur la Grand'Place.

Extrait des registres aux arrêtés du Conseil général du département du Pas-de-Calais.

Séance publique du 12 octobre 1792, l'an 1er de la République.

Adresse au Conseil général de la commune de Lille, et aux citoyens de cette ville.

Citoyens,

L'Europe entière a les yeux sur vous, la République françoise vous comble de bénédictions, les tyrans frémissent, et les peuples étrangers qui commencent à sentir le poids des fers dont ils sont chargés, voient en vous les libérateurs qui contribueront à les briser ; ceux même, que votre courage désespère, ne peuvent s'empêcher de s'en étonner, et leurs cris de rage sont des applaudissemens pour vous.

Au milieu de cette acclamation universelle, que vous sert un hommage de plus ? Il vous est inutile, mais vous l'offrir est un besoin pour le Conseil général du département du Pas-de-Calais. Les membres qui le composent ne peuvent vous parler au nom du peuple dont ils ne sont pas les représentans, mais ils répondent de ses sentimens, et ils vous déclarent que vos frères, vos amis, vos voisins du département du Pas-de-Calais, regardent comme un devoir pour eux d'ajouter une palme à la couronne que la patrie vous prépare. Et comment pourrions-nous nous taire, nous qui jouissons les premiers de ce grand bienfait que votre magnanimité procure à la France ? C'est avec vos corps et aux dépens de vos fortunes, que vous nous avez fait une barrière invincible. Un ennemi dévastateur et féroce se préparoit à fondre sur nos habitations, à piller nos moissons, à égorger ce que nous avons de plus cher au monde après la liberté, vous seuls l'avez arrêté, secondés de cette brave garnison qui est dans vos murs ; et si nous jouissons encore des bienfaits de la patrie et de la nature, c'est à vous que nous le devons ; nous ne rendons pas un seul hommage à la liberté, sans nous rappeler que vous nous en avez conservé le droit. Nous ne donnons pas un embrassement à nos familles sans nous rappeler dans cette douce étreinte, que c'est à vous que nous devons cette jouissance ; recevez le tribut de notre immortelle reconnoissance.

Quel spectacle offre cette vaste et puissante cité, naguères si florissante ! on n'y marche que sur des ruines, et ces ruines sont des trophées ; tout semble annoncer la désolation et la mort, et une joie pure respire sur les visages ; les chants de l'allégresse étouffent les cris de la douleur, et si quelques citoyens ont à regretter un parent ou un ami, leurs regrets s'évanouissent dans les bras d'une patrie qui leur applaudit et les admire.

Vous en êtes dignes de cette patrie, citoyens, et elle est digne de vous, elle vous doit le plus grand des bienfaits, vous avez donné un exemple qui sera imité, et quel est le lâche François qui oseroit encore plier devant les despotes, quand les braves Lillois ont fait une si courageuse résistance ? Tremblez tyrans, Lille vous a fait connoître les héros que la France est capable d'enfanter, et cette forteresse est devenue inexpugnable pour vous. Votre rage est venue expirer devant ses murs, vos projets si cruellement combinés ne vous ont conduits qu'à la honte et aux remords de vos forfaits. Si vous l'osez, venez contempler les lieux témoins de votre retraite, et du sein de cette terre souillée de vos crimes, une voix terrible s'élevera et vous entendrez : *ici vous avez appris que des esclaves doivent toujours céder à des hommes libres.* La terreur alors s'emparera de vos cœurs, et l'attaque sera pour vous le signal de la défaite.

Oui, devant ces murs honorables viendront se briser tous leurs efforts ; ici est posée la borne qu'ils ne passeront jamais, et cette borne, c'est le patriotisme et l'amour de la liberté qui l'ont posée, et ce sont les citoyens de Lille, ces fiers et généreux républicains, qui l'ont rendue inébranlable.

GALAND, *secrétaire-général.*

Adresse du Conseil général de la commune de Cambrai à celui de Lille.

GÉNÉREUX CITOYENS,

Déjà votre ville étoit illustre dans les fastes du commerce, elle sera désormais immortelle dans les annales de la gloire, votre conduite sublime pendant le terrible bombardement que vous avez soutenu avec une intrépidité sans exemple, l'a rendue pour jamais chère à tous les bons François ; ils ne prononceront désormais le nom de Lille, que saisis de respect et d'admiration.

Vous avez fait voir aux barbares satellites des tyrans, ce que peuvent des citoyens, quand ils combattent pour la liberté. Vous vous êtes montrés en véritables républicains, qui savent braver la mort, quand il s'agit du salut de la patrie.

Braves Lillois, votre courage nous a sauvés des fureurs d'un ennemi sanguinaire ; si votre mâle résistance n'eût triomphé de ses efforts, si vous eussiez pu succomber, bientôt il eût porté le fer et la flamme dans nos propriétés, et peut-être en étoit-ce fait de notre précieuse liberté.

Recevez donc le juste tribut de notre reconnoissance. Vous nous avez appris que vous savez vaincre, nous apprendrons à la postérité que nous savons apprécier les services ; nous apprendrons à nos enfans à marcher sur vos traces ; c'est l'éloge le plus énergique et le plus durable que nous pouvons faire de vos vertus, elles demeureront éternellement gravées dans les cœurs de tous nos concitoyens ; et si jamais quelqu'ingrat, ou quelque lâche pouvoit les oublier, nous le conduirons au lieu de nos séances, et en fixant ses yeux sur l'inscription que nous y avons fait placer, nous lui dirons : regarde le monument élevé dans cette enceinte, à la mémoire de ceux qui se sont montrés dignes du nom François.

AUX BRAVES LILLOIS
LA COMMUNE DE CAMBRAI RECONNOISSANTE
EXEMPLE A SUIVRE
5 Octobre 1792

Fait à Cambrai, en Conseil général de la Commune, le 14 octobre 1792, l'an 1er de la République françoise.

Signé : A.-S. Codron, maire; F. Leroy ; A. Douay ; L. Desaint ; C.-L. Aubry ; Lely ; A -L. Laleu; Guenin ; Douay, fils aîné; Henri Flandrin, et Lallier, secrétaire.

Adresse du Conseil général de la commune de Boulogne-sur-Mer à celui de Lille.

Boulogne, le 15 octobre 1792, l'an 1er de la République.

Citoyens frères,

Vous avez entendu le tonnerre des tyrans gronder sur vos têtes, vous avez vu la foudre tomber en éclats sur vos paisibles demeures. Mais votre âme se doublant à la vue des dangers, vous vous êtes élevés à la hauteur de ceux qui vous environnoient.

Votre attitude fière et terrible, en déjouant les machinations intérieures, n'a laissé aux traîtres que d'affreux remords, que des sentimens de désespoir et de rage à nos infâmes agresseurs.

Il sera donc vrai, citoyens et frères, que la République françoise, à son aurore, aura fait poser la première base de son gouvernement par la main de la victoire, que les élémens même auront combattu pour elle. D'aussi heureux présages nous annoncent la plus haute destinée ; nous saurons sans doute la mériter, en épurant nos mœurs et en donnant à notre caractère national la dignité qui lui convient.

Pour vous, frères et citoyens, vous, dont l'intrépidité a égalé le courage, que ne vous devons-nous pas ? En servant la Patrie, vous nous avez préservés du meurtre et du pillage, et si jamais le sentiment sacré de la reconnoissance que nous vous devons s'éteignoit dans nos cœurs, puisse la main des citoyens qui signeront cette adresse se dessécher aussitôt, puisse à l'instant même sonner l'heure de notre néant, pour ne point laisser au monde l'exemple de la plus coupable ingratitude.

Les membres composant le Conseil général de la commune de Boulogne-sur-Mer,

Signé : Belle, maire ; F. Melery, officier municipal ; J. Bouchard, officier municipal ; Ducroq-Beaucré, officier municipal ; Yuart, officier municipal ; B. Merlin, officier municipal ; F. Dolet ; N. Necrin, notable ; Beaugy ; Berquiet - Duhamel ; Roche ; Tiesset ; Marmin ; Wisocq, procureur de la commune, et Routtier, substitut.

Adresse du Conseil général de la commune d'Arras à celui de Lille.

Arras, le 16 octobre de l'an 1ᵉʳ de la République.

Frères,

Aujourd'hui que la Liberté triomphe par votre courage, il nous est permis d'aimer a vie et de témoigner une juste reconnoissance à ceux qui nous l'ont conservée. Recevez donc nos remercîmens pour le bienfait signalé dont nous vous sommes redevables ; si vous eussiez succombé sous les efforts de l'ennemi, fidelle à ses sermens, le Conseil général de la commune d'Arras auroit eu du moins la joie de mourir libre à son poste, dans une ville sans défense ; mais votre intrépidité, braves citoyens, nous assure une satisfaction plus douce et plus durable. Par vous, nous allons être les témoins de la déroute entière des tyrans et de leurs suppôts ; par vous, nous allons voir la révolution propager ses heureux effets jusque chez les peuples les plus éloignés ; par vous, enfin, il nous sera permis d'applaudir au retour de ce siècle fortuné, dont l'aurore sembloit devoir luire que sur nos enfans. Généreux Lillois ! comme elles nous font envie, ces ruines glorieuses que vous nous invitez de réparer, comme elles parlent puissamment à nos âmes ; ah ! nous vous en conjurons, conservez quelques-uns de ces honorables débris, et les François qui visiteront vos murs, iront apprendre dans toute la suite des âges, à servir la patrie et la liberté.

Le Conseil général de la commune d'Arras,

Étoit signé : LEFETE, officier municipal ; MURY, officier municipal ; LEMESRE fils, officier municipal ; DEMOULIN, officier municipal ; G. LEBLOND, officier municipal ; HERMAN ; D. TAFFIN ; DELGARDIN-LHOMME ; CARLIER ; MANNESIER ; P. G. GILLE ; DAILLE, substitut du procureur de la commune, et DÉLESTRE, secrétaire-greffier.

*Lettre du Conseil général de la commune d'Hondschoote
à celui de Lille.*

BRAVES ET GÉNÉREUX CITOYENS,

Vous avez, par votre fermeté au milieu de l'incendie sortant de dessous les décombres de vos habitations, prouvé à l'Europe entière ce que peuvent les hommes libres contre l'exécrable et trop perfide oppression des despotes et de leurs suppôts. Quel exemple à jamais mémorable ne donne point à ses concitoyens françois le peuple de la cité de Lille? De combien les citoyens de cette contrée de la République ne lui sont-ils pas redevables? Oui, dignes amis, sans vous nous serions déjà dans les fers de l'esclavage et de l'oppression, déjà les tyrans ennemis de notre liberté, commettroient dans cette étendue les plus cruels ravages.

Les citoyens d'Hondschoote ne feront ni harangues ni complimens sur la vigoureuse résistance qu'ont opposée aux tyrans les citoyens-soldats de la cité de Lille, elle est au-dessus des éloges. D'ailleurs, leur âme républicaine rejeteroit avec raison ce qui est indigne d'elle; il suffira de dire que nous n'avons qu'à nous féliciter nous-mêmes du bonheur inappréciable que leur courageuse et belle résistance nous prépare.

Nous, les citoyens formant le Conseil général, de concert avec les habitans de cette commune, admirateurs de ces vaillans exploits, désirant avec empressement venir au secours des citoyens de la classe indigente qui ont le plus souffert, nous prenons la confiance de vous demander le lieu du dépôt où nous pourrions faire remettre ce qui nous est si généreusement offert pour leur soulagement.

Les citoyens maire, officiers municipaux, notables et autres de la ville d'Hondschoote, chef-lieu de canton du district de Bergues, de notre séance permanente et publique du 16 octobre 1792, l'an premier de la République françoise,

Signé : L. Schadet, maire ; G. L. Debromver ; P. J. Depyper ; N. Taverne ; M. L. Vermesch ; J. B. Veryepe ; J. F. Massehs ; P. A. Lelieur ; P. J. Floor, procureur de la commune ; M. L. Vercamer, secrétaire-greffier ; L. F. Derie, notable J. B. Caulier, notable ; J. M. Vanschengel ; J. P. Cornette ; F. N. Debrens ; D. C. Debavelaire ; Decod, notable ; J. M. Vanserazecls, P. G. Vanrycke ; S. J. Demol ; B. Delaroiere fils ; de Saint-Hilaire, juge de paix ; B. P. Coppens, chef de la 8me légion des Gardes nationales du district de Bergues ; A. V. Vanbochstaels, Commandant en chef de bataillon ; J. B. Blondel, assesseur ; J. L. Deril, assesseur ; François Debel, adjudant du 3me bataillon de la 5me légion, et P. Geeraert, curé d'Hondschoote.

Lettre du Lieutenant-Général d'Aumont au Maire de Lille.

Guiscard, le 17 octobre 1792, l'an 1er de la République

Citoyen Maire,

Un vieux soldat qui a servi sa patrie dans les murs de la ville de Lille, et qui regrette de n'en pas avoir partagé les dangers, vous prie de lui faire agréer l'hommage qu'il fait de ses décorations militaires aux vertueux citoyens qui ont bravé avec un courage rare tous les périls d'un siége et qui en ont supporté avec une patience vraiment héroïque les funestes effets.

    Signé : le Lieutenant-Général d'Aumont.

Lettre du général en chef de l'armée du Nord Labourdonnais, aux officiers municipaux de Lille.

    Au Quartier-Général à Lille, le 23 octobre 1792,
      l'an 1ᵉʳ de la République.

Je ne puis, citoyens, mieux appliquer l'emploi de ma croix, qu'en la destinant à coopérer au soulagement dû aux citoyens les plus indigens, incendiés dans le bombardement de la place.

Je vous prie de vouloir bien l'accepter pour cet usage ; le civisme des officiers composant cette garnison, m'est un sûr garant qu'ils suivront bientôt mon exemple.

    Le général en chef de l'armée du Nord,
     Signé : Labourdonnais.

P.-S. — Le citoyen *Déjean*, capitaine du génie, destine sa croix au même emploi.

Lettre des officiers municipaux de Dunkerque, à ceux de Lille.

    Dunkerque, ce 23 octobre 1792, l'an 1ᵉʳ de la
      République françoise.

Citoyens,

Nous nous empressons de vous faire parvenir par la diligence le produit de la représentation que le citoyen

Oyez, directeur du spectacle de cette ville, a donnée le jour d'hier au profit des pauvres de votre ville, qui ont été incendiés lors du siége que vous avez éprouvé.

Le produit monte à la somme de quinze cent vingt-trois livres sept sous, dans laquelle est comprise celle de cent livres, provenant du don qu'ont fait pour la même destination les acteurs du spectacle, qui se sont gratuitement prêtés au désir de leur directeur, pour venir au secours des infortunés de votre ville.

Nous devons vous observer que le bon citoyen Oyez, a, en outre de l'abandon du produit de la recette, fait tous les frais qu'a occasionnés cette représentation.

Nous laissons à vos soins et à votre civisme, la manière de faire participer les pauvres de votre ville dans la distribution que nous vous prions de faire de ladite somme, et pour d'autant mieux vous faire connoître la volonté dudit citoyen Oyez, nous vous remettons ci-joint, copie de la délibération du Conseil général de notre commune, du vingt de ce mois, qui contient l'offre de ce citoyen.

Les maire et officiers municipaux,
Signé : N. Morel, E. Amand Morel et Julien Tancel.

Extrait des registres de la séance du Conseil général de la commune de Dunkerque, du 20 octobre 1792, l'an 1ᵉʳ de la République françoise.

S'est ensuite présenté le citoyen Oyez, directeur du spectacle de cette ville, lequel a dit que voulant venir au secours des pauvres de Lille, qui ont souffert et éprouvé des pertes lors du siége de cette place, il se proposoit de donner lundi prochain une représentation à leur profit, déclarant qu'il se chargeoit personnellement de tous les frais qu'occasionnera le spectacle ledit jour, afin de faire parvenir à ces infortunés, le montant de la recette entière, et a demandé qu'il fût nommé des commissaires pour faire ladite recette ; le Conseil général applaudissant au civisme et à l'humanité qui anime ce citoyen, a arrêté qu'il sera fait mention honorable de son offre dans le procès-verbal de la séance, et qu'extrait de la délibération sera adressé à la municipalité de Lille.

Les citoyens Mazuel, Morel et Nicolas Morel, ont été nommés commissaires, pour faire la recette du spectacle de lundi : ont été présens, etc.

Collationné. *Signé :* VIAREUX,
Secrétaire par intérim.

Nous commissaires de la municipalité de Dunkerque soussignés, nommés pour procéder à la recette du spectacle de ce jour, donné au profit des pauvres de Lille, qui ont éprouvé des pertes pendant le siége de cette place, certifions que ladite recette s'élève à la somme de quinze cent vingt-trois livres sept sous, dont le détail suit :

Assignats de 200 livres.

Série D. Nos.	LIVRES		
8142			
8138	1000	»	»
8139			
8131			
8140			

Assignats de 100 livres.

Série C. Nos. 39867.	.	.	100	» »
J. 8462.	.	.	100	» »
A. 32151.	.	.	100	» »
			1300	» »

	1300	» »
Assignats de 50 livres.		
Série A. N°s. 18615.	50	» »
32607.	50	» »
6 assignats de cinq livres. . .	30	» »
En billets de confiance . . .	50	7 »
En espèces	43	» »
	1523	7 »

Ainsi fait et arrêté à Dunkerque, le 22 octobre 1792, l'an 1er de la République françoise.

        Signé : N. Morel, E. Amand Morel et Leleu, substitut, faisant les fonctions du procureur de la commune, ayant procédé à ladite recette, au lieu et à cause de l'empêchement du citoyen Mazuel.

Lettre du citoyen Ragon, premier officier municipal de Fere, en Tardenois, aux citoyens de Lille.

AUX BRAVES LILLOIS
COUPLETS D'UN PATRIOTE ADMIRATEUR ET RECONNOISSANT

Air : *Allons, enfans de la patrie.*

Des Brutus de la République,
Chantons les exploits généreux ;
Chantons leur dévouement civique,
Et leur triomphe glorieux ! *(bis)*
En vain, contre eux, la tyrannie,
Soudoya des titans nouveaux :
Sur une cité de héros,
Que peut d'esclaves la furie ?
Les bombes, les canons, électrisent les cœurs.
Lillois ! Lillois ! de la patrie,
Vous êtes les sauveurs.

Les cohortes impériales,
Du Ténare ont vomi les feux ;
Votre ville à ces cannibales,
N'offre plus qu'un cahos affreux. *(bis)*
Déjà les fers de l'esclavage,
Pour vous flétrir sont préparés,
Vos Décius sont réservés,
A l'opprobre, au meurtre, au pillage.
Mais de ces noirs complots, intrépides vengeurs,
Lillois ! Lillois ! de notre plage,
Vous serez les sauveurs.

Du tigre Albert, votre courage,
Enfin dompte la cruauté ;
Et Christine, écumant de rage,
Maudit le sol de liberté. *(bis)*.
Comme eux le hulan sanguinaire,
Confus et frappé de terreur,
Fuit lâchement, et cherche ailleurs,
Son abominable repaire.
De monstres conjurés, magnanimes vainqueurs,
Lillois ! Lillois ! la France entière,
Voit en vous des sauveurs.

Une héroïque patience,
Mille prodiges de valeur,
Ont signalé votre défense ;
Pour vous, quelle source d'honneur ! *(bis)*.
Oui votre nom, titre de gloire,
Des vils despotes redouté,
Et toujours par nous respecté,
Fera préface à notre histoire.
Agréez le tribut de cœurs reconnoissans,
Lillois ! Lillois ! votre victoire,
Illustrera les Francs.

ENVOI

FRÈRES ET AMIS,

Ces couplets sont l'hommage d'un cœur enivré de votre héroïsme, fruit de l'admiration, ils vous sont offerts par la reconnoissance.

Fort au-dessous du sujet, par la médiocrité de mes talens, je n'ai eu d'autre guide que l'enthousiasme, et je sens qu'il ne m'a pas servi au gré de mes désirs. Le génie de la liberté suppléera à la foiblesse de mon essai.

Le despotisme a trouvé des chantres adulateurs, l'énergie républicaine en produira de véridiques ; prostituées au mensonge, les muses croupissoient dans l'avilissement, aujourd'hui, dégagées de la servitude féodale, et soustraites à un opprobre involontaire, elles brilleront d'un nouvel éclat. Pures dans leurs accens comme dans leur morale, les droits de l'homme, les vertus sociales, feront la base de leurs charmans travaux. Leur touche sera plus mâle, leurs images plus naturelles, leur élan plus sublime.

Vil esclave des rois, Voltaire a trahi sa conscience, et souillé sa plume par le tribut vénal de la flatterie. Calliope réparera ses torts, par des concours patriotiques. L'ouverture du premier offrira à l'émulation de nos poëtes, le programme de la *Lilliade*, ou la France sauvée par les Lillois. Ce poëme épique sera le *veni mecum* de votre frère et ami.

Signé : M. P. RAGON,

Premier officier municipal de Fere-en-Tardenois, département de l'Aisne, district de Château-Thierry, route de Rheims.

Le 22 octobre 1792, l'an 1ᵉʳ de la République françoise.

Adresse de la Commune de Paris, à celle de Lille.

Commune de Paris, le 3 novembre 1792, l'an 1ᵉʳ de la République françoise.

CITOYENS,

La rage que les tyrans ont exercée contre vous, a excité en nous la plus vive indignation ; le courage avec lequel vous avez repoussé les esclaves de quelques despotes qui bientôt ne seront plus, a causé parmi tous vos frères de Paris, une admiration que je ne saurois vous exprimer Le Conseil général a arrêté que la rue dite de *Bourbon*, porteroit désormais le nom de rue dite de *Lille*. Il a voulu vous donner cette preuve de la plus vive reconnoissance des citoyens de Paris, pour une ville qui a été un des premiers et des plus inébranlables remparts de la République françoise. Puissiez-vous regarder ce foible hommage des Parisiens, comme une preuve de la fraternité et de l'union qui nous garantissent l'indivisibilité et l'unité de la République françoise.

Signé : Méhée, *secrétaire-greffier, ad.*

Adresse du Citoyen David, député à la Convention nationale.

Aux généreux, braves et intrépides républicains, composant le corps électoral du département du Nord, la municipalité de Lille, et aux dignes habitans de cette ville à jamais illustre.

Citoyens et Citoyennes,

Votre civisme, votre valeur et votre intrépidité ont excité dans mon âme le désir brûlant de faire revivre en votre gloire l'exemple et le souvenir des plus beaux temps de l'antiquité.

Ma motion ayant été accueillie par la Convention nationale, je me fais un devoir aussi doux qu'honorable de vous en adresser une copie littérale, que je vous prie, citoyens et citoyennes, d'agréer comme une preuve convaincante de mon admiration.

La Convention nationale a décrété le renvoi de ma motion à son comité d'instruction publique (dont j'ai l'honneur d'être membre) pour en faire son rapport.

Mais avant de nous en occuper, nous souhaitons, mes collègues et moi, d'y réunir tout ce qui peut vous être glorieux, utile et agréable.

C'est pourquoi j'espère, citoyens et citoyennes, que vous voudrez bien vous joindre à moi, et me faire parvenir vos observations, ainsi qu'un plan de votre ville, afin que je puisse connoître le local, que vous croirez le plus convenable, pour y élever le monument que j'ai proposé, et dont j'espère que d'après notre rapport, la Convention nationale décrétera l'exécution.

Ne vous paroîtra-t-il pas préférable, citoyens et citoyennes, d'élever un monument dans le quartier de St-Sauveur, comme ayant été le plus exposé et ayant le plus souffert du feu destructeur de nos barbares ennemis.

S'il se trouve quelques artistes dans votre ville, j'engage ces confrères, de me communiquer leurs idées le plutôt possible, parce qu'il me sera flatteur de les nommer dans le rapport, et de faire connoître leurs talens à la Convention nationale, à la République entière, et par conséquent à toute l'Europe.

Il sera glorieux pour ces braves citoyens artistes, de concourir à l'exécution de ce monument.

Un de vos députés m'a dit qu'une fontaine publique seroit aussi utile dans votre ville qu'agréable à ses habitans. En connoissant vos désirs et vos intentions, il sera, je crois, facile de réunir dans un même monument, le souvenir de la gloire que vous vous êtes acquise, avec l'utilité et l'agrément public.

Permettez-moi, citoyens et citoyennes, de vous rappeler l'accueil aussi honorable que flatteur, dont vous avez daigné me combler en 1781, pendant le séjour que j'ai fait à Lille, avec mon confrère et ami, le bon citoyen Sauvage.

Daignez donc, citoyens et citoyennes, agréer avec l'hommage de ma reconnoissance, celui de mon admiration.

P.-S. — Le comité des pétitions et de correspondance a renvoyé au comité d'instruction publique, la pétition faite par les bons citoyens de la ville de Lille, à leur maire et autres officiers-municipaux, pour demander qu'une médaille soit frappée à leurs frais, pour être distribuée à tous ses défenseurs.

Vous verrez, citoyens et citoyennes, par la lecture de ma pétition, que j'ai à me féliciter d'avoir prévenu vos désirs et vos vœux.

Signé : J.-L. DAVID, *Peintre*,
Député par le département de Paris, à la Convention nationale.

Paris, le 9 novembre 1792, l'an 1ᵉʳ de la République.

———

Copie de la motion faite à la Convention nationale, par le citoyen David, député du département de Paris.

MESSIEURS,

Le 8 de ce mois, le citoyen Gossuin vous a présenté le décret suivant.

« La Convention nationale déclare que la ville de Lille
« a bien mérité de la patrie : elle a applaudi au civisme et
« à la bravoure des habitans et de la garnison.

« Il sera fait don à la commune, d'une bannière aux trois
« couleurs, portant pour exergue : *à la Ville de Lille, la*
« *République reconnoissante.*

« Il lui sera accordé une indemnité provisoire de 2
« millions, sur le produit de la vente des biens des émigrés ».

Ce projet de décret a été ajourné et renvoyé à vos comités réunis de guerre, diplomatique, de finances et de secours.

Telle glorieuse que soit la bannière et l'inscription que le citoyen Gossuin vous a proposé de décerner aux habitans de la ville de Lille, vous avez pensé sans doute, que ce monument est trop périssable, pour prouver à la postérité et à l'univers, les sentimens de l'admiration et de la reconnoissance de la République, pour le courage, le désintéressement, l'héroïsme et le généreux patriotisme des valeureux et intrépides citoyens de la ville de Lille.

Je vous propose donc, Messieurs, d'élever dans cette ville, ainsi que dans celle de Thionville, un grand monument, soit une pyramide ou un obélisque, en granit françois, provenant des carrières de Rethel, de Cherbourg ou de celle de la ci-devant province de Bretagne.

Je demande qu'à l'exemple des égyptiens et autres anciens, que ces deux monumens soient élevés en granit, comme la pierre la plus durable, et qui portera à la postérité le souvenir de la gloire dont se sont couverts les habitans de Lille et de Thionville.

Je demande aussi que les débris de marbre provenans des piédestaux des statues détruites dans Paris, ainsi que du bronze provenant de chacune de ces cinq statues, soient employés aux ornemens de ces deux monumens, afin que la postérité la plus reculée apprenne que les deux premiers monumens élevés par la nouvelle république, ont été construits avec les débris du luxe des cinq derniers despotes françois.

Je crois, Messieurs, que vous penserez comme moi, qu'il est de l'équité de la Convention nationale, comme de la gloire de tous les républicains françois, que les noms de chacun des habitans de Lille et de Thionville, qui y sont morts en défendant leurs foyers, soient inscrits en bronze sur lesdits monumens.

Je vous propose que Félix Wimpffen et autres officiers, soldats, habitans, soit de Lille ou de Thionville, et qui se sont les plus distingués pendant ces deux siéges, reçoivent une couronne civique ou murale, en attendant qu'après leur mort, leurs noms soient aussi inscrits sur ces monumens.

Je propose aussi qu'à la manière des anciens, la Convention nationale ajoute au nom de ces deux villes une épithète, qui caractérisera la gloire que leurs défenseurs se sont acquise, et afin de donner à chaque individu de tout âge et de tout sexe, un signe non périssable de ces deux siéges, je vous propose, Messieurs, de faire frapper une médaille en bronze, avec une exergue différente pour Lille et Thionville, afin de distribuer une de ces médailles à chaque individu habitant de ces deux villes. Cette médaille, Messieurs, sera aussi fabriquée avec du bronze provenant des cinq statues détruites.

J'observe, Messieurs, qu'il sera expressément défendu de faire servir cette médaille à l'usage d'aucun signe de décoration extérieure.

Je désire, Messieurs, que ma proposition de frapper ces médailles, ait aussi lieu par la suite pour tous les évènemens heureux ou glorieux déjà arrivés et qui arriveront à la République. Et cela à l'imitation des Grecs et des Romains, qui par leurs suites métalliques, nous ont non-seulement donné la connoissance des événemens remarquables et celle des grands hommes, mais aussi celle du progrès de leurs arts.

Comme nos artistes françois se sont livrés des premiers aux élans de la révolution, et que plusieurs d'entr'eux ont négligé leurs occupations paisibles, pour s'abandonner à tout ce que le soutien de la chose publique pouvoit exiger, et que beaucoup d'entr'eux ont préféré en se rendant aux frontières, la gloire de la République à leur gloire particulière, la Convention nationale ne peut, ce me semble, leur donner un témoignage de reconnoissance, ni plus glorieux ni plus satisfaisant, qu'en employant au nom de la République entière, ces mêmes artistes, pour porter sa gloire et sa satisfaction à l'univers entier, et la faire passer à la postérité.

Permettez-moi, Messieurs, de vous observer que c'est à un incendie que la ville de Londres doit la beauté, la largeur et la régularité d'une grande partie de ses rues, comme aussi la commodité de ses trottoirs.

Ne seroit-il donc pas aussi convenable de faire faire un plan général à Lille, de même qu'à Thionville, avant de s'occuper de la construction des bâtiments détruits ou de la restauration de ceux endommagés?

C'est dans ce plan général que l'on feroit entrer celui du local le plus convenable, ou d'une place publique, pour élever dans ces deux villes les monumens en granit que j'ai proposés.

Je me résume, Messieurs, en vous demandant de nommer des commissaires pour examiner mes propositions avec leurs développemens, afin que le rapport en soit fait à la Convention nationale, dans le plus court délai possible.

Ces commissaires pourront s'entendre avec les comités auxquels vous avez renvoyé le projet de décret du citoyen Gossuin.

Pour minute certifiée conforme à l'original.
Signé : J. L. DAVID, *peintre*,
Député du département de Paris à la Convention nationale.

Paris, ce 9 novembre 1792, l'an 1er de la République.

Hymne aux Lillois sur leur bravoure et leur fermeté au siége de leur ville, où étoit assemblé le corps électoral du département du Nord.

PAR LEURS FRÈRES DE LA GARDE NATIONALE DE DOUAY.

Air : *Allons, enfans de la patrie.*

Quand sur leurs murs le boulet tombe,
Les Lillois sont-ils faits pour fuir ?
Voyez-les autour de la bombe,
Voyez ces guerriers accourir, *(bis)*.
Voyez-les, fermes et tranquilles
Voler en foule à leurs canons,
Tandis que brûlent leurs maisons,
Que gardent leurs femmes et leurs filles.
 Aux armes, citoyens ; formez vos bataillons,
 Marchez, qu'un sang impur abreuve nos sillons.

Malgré la bombe qui se brise,
Au milieu de nos électeurs,
Voyez-les sans craindre la crise,
Nommer nos administrateurs. *(bis)*.
Ce Corps à son serment fidèle,
A son poste prêt à mourir,
Nous assure pour l'avenir,
La République la plus belle.
 Aux armes, citoyens ; formez vos bataillons,
 Marchez, qu'un sang impur abreuve nos sillons.

Tandis qu'on bombarde la ville,
Voyez des bandes d'Autrichiens
Du paysan forcer l'asile,
Egorger nos bons citoyens : *(bis)*.
Voyez ces hordes sanguinaires
Percer à grands coups de couteau,
Le cœur des enfans au berceau,
Aux yeux de leurs mourantes mères !
Aux armes, citoyens ; formez vos bataillons,
Marchez, qu'un sang impur abreuve nos sillons.

Quoi de scélérates cohortes
S'empareroient de la cité,
Et viendroient jusques à ses portes
Pour lui ravir sa liberté ! *(bis)*.
Mais, quelle fureur, quelle rage !
En vain par mille coups divers,
On s'obstine à forger des fers
Pour qui secoua l'esclavage ;
Aux armes, citoyens ; formez vos bataillons,
Marchez, qu'un sang impur abreuve nos sillons.

A ces brigands, troupe servile,
Le Lillois, qu'ils croyoient dompté,
Sommé de leur rendre la ville,
Répondit avec fermeté : *(bis)*.
N'attendez pas de nous voir rendre,
Monstres, brûlez de toutes parts ;
Ils nous reste encor des remparts,
Qu'on ne pourra réduire en cendre.
Aux armes, citoyens ; formez vos bataillons,
Marchez, qu'un sang impur arrose nos sillons.

Quoi ! les esclaves de l'Empire,
Quoi ! les satellites des rois,
A nous peuple libre, osent dire,
Nous voulons vous donner des lois ! *(bis)*.
Nos guerriers outrés de colère,
A ce discours injurieux,
Repoussent ces audacieux
Et leur font mordre la poussière.
Aux armes, citoyens ; formez vos bataillons,
Marchez, qu'un sang impur, abreuve nos sillons.

Lillois, que grande est votre gloire !
Dans tous les cœurs, vos noms placés,
Bien mieux qu'au temple de mémoire,
N'en seront jamais effacés. *(bis)*.
Entendez-vous comme s'écrie
Partout le bon peuple françois,
Que les Lillois ont à jamais,
Bien mérité de la patrie.
Aux armes, citoyens ; pour défendre nos lois,
Marchons, avec fierté, sur les pas des Lillois.

Lettre du Conseil général de la commune de Samer, à celui de Lille.

Citoyens, des éloges vous sont dûs, il vont sans doute vous être adressés par tous les cantons de notre vaste République ; la commune de Samer ne sera pas la dernière à vous témoigner son admiration et sa reconnoissance.

Citoyens, tout le nord de la France devoit bientôt devenir le théâtre de la guerre ; les hordes sanguinaires d'Autrichiens ne vouloient se rendre maîtres de votre Cité, que pour se répandre avec impétuosité sur toutes nos villes sans défenses, courageuses, mais foibles ; animés comme vous de l'amour de la patrie, mais privés de moyens, nous étions à la veille de périr sans combat, de mourir sans honneur. Votre courage a triomphé de la fureur des tyrans, votre exemple a fortifié notre espoir, votre résistance nous a donné le tems de voler à votre aide.

Citoyens, notre secours est resté superflu pour cette fois, à peine notre jeunesse étoit en marche pour aller prendre vos leçons, que déjà vous aviez obligé les brigands à quitter nos frontières ; seuls ou presque seuls vous avez soutenu le siége le plus désastreux, vous êtes venus à bout d'arrêter l'incendie qui devoit embraser la France ; vous avez prouvé à l'univers que les amis de la liberté et de l'égalité sont prêts à s'ensevelir sous les ruines de leurs remparts, plutôt que de trahir un serment que la justice a dicté.

Citoyens, de vils adulateurs, des poëtes stipendiés, célébroient autrefois les victoires d'un prince qui restoit à quatre lieues du champ de bataille ; les dangers étoient le partage de la valeur, les louanges celui de la lâcheté ; le nom de Dassas tomboit dant l'oubli, Louis XV étoit appelé le héros de Fontenoy.

Citoyens, dans un gouvernement populaire l'estime est réservée à celui qui la mérite, vous avez acquis des droits éternels à la nôtre ; votre vigoureuse défense va devenir l'objet de nos entretiens avec nos enfans ; toujours nos descendans répéteront que sans les Lillois, une partie de la France alloit être ravagée au moment où se formoit la République.

Frères et amis, nous n'avons d'autre récompense à vous offrir ; mais nos cœurs et nos bras sont à vous quand ils seront nécessaires.

Nous sommes vos concitoyens, les officiers municipaux et le Conseil général de la commune, en permanence au bourg de Samer, chef-lieu de canton, district de Boulogne, département du Pas-de-Calais.

A Samer, ce 16 octobre 1792, l'an 1er de la République françoise.

Signé : Leroy, maire ; Geneau ; J. B. Legrain, Deberte ; Beure, officier municipal ; Devin ; Dufour ; Lambert, procureur de la commune.

Limoges, le 22 octobre 1792, l'an 1ᵉʳ de la République.

Les Amis de la liberté et de l'égalité, aux citoyens-soldats, aux soldats-citoyens, aux magistrats d'un peuple de héros, à Lille.

C'est lorsque des milliers de boulets embrasés dans les fournaises infernales des tyrans, pleuvoient sur votre cité infortunée ; c'est lorsqu'une femme se flattant encore de l'espoir d'une contre révolution, si souvent entreprise et toujours manquée, s'est présentée à la tête des colonnes ennemies, pour ranimer leurs forces abattues ; disons plutôt, c'est lorsqu'une furie allumoit elle-même la foudre, qu'elle dirigeoit sur vos têtes ; c'est alors, fiers républicains, que vous fîtes le serment d'être fidèles à la nation, de maintenir la liberté et l'égalité, ou de mourir en les défendant ! La France entière et tous les peuples dignes d'être libres, savoient bien que vous ne seriez pas des parjures ; mais des despotes qui n'ont jamais connu que la lâcheté et le crime, pouvoient-ils croire à votre courageuse intrépidité ? Vous leur avez donné une leçon terrible, vous avez arrêté leur rage sanguinaire, vous leur avez appris à redouter les forces d'un peuple qui combat pour une si belle cause, vous leur avez enfin prouvé que rien ne coûtoit pour la défendre.

Vous avez bien mérité de la patrie, nos représentans viennent de le déclarer ; que seroit-ce maintenant que notre voix ? que pourrions-nous ajouter à votre gloire ? rien sans doute, les amis de la liberté et de l'égalité veulent seulement vous offrir le juste tribut d'admiration qui vous est dû ; ils veulent vous faire connoître la douleur profonde que leur inspire le souvenir déchirant des maux que vous avez soufferts, et qu'ils ont sentis aussi vivement que vous. Les maux de nos frères ne sont-ils pas les nôtres ? ils veulent enfin vous assurer que nos derniers neveux liront dans la même page de l'histoire la lâche trahison et la honte des habitans de Verdun et de Longwy, l'intrépide résistance et le triomphe des citoyens de Lille.

Signé : L. ROMAND, *président ;* FOMAND, *secrétaire ;* GLANGEAND, *secrétaire* et GELAN, *vice-secrétaire*.

Adresse du Conseil général de la ville de Beauvais, à celui de Lille.

Beauvais, le 25 octobre 1792, l'an 1ᵉʳ de la République françoise.

Braves Lillois, nous avons reçu le Journal de l'attaque de votre ville, et l'extrait de votre correspondance. Nous vous en remercions, nous sommes contens et fiers de votre courage. Quelle différence entre les assiégeans et les assiégés ! entre le généreux, l'inébranlable dévouement des hommes libres, et la bassesse, la férocité des esclaves et de leurs chefs ! votre exemple vivra dans la mémoire ; à jamais il rendra les François indomptables. Qui oseroit ne pas vous égaler.

Les citoyens composant le Conseil général de la ville de Beauvais.

Signé : BOUCHET, maire, LANGLET, DIOT, L. ANSELIN, CARON DU COUDRAY, PASQUIER, TAILLEFER, DUFOUR, MOREL, MOLET, substitut du procureur de la commune, PLATEL, BRISMONTIER, DURENNE fils, BAILLEHASTRÉE, Q. CORMEILLE, ROCQUE, M. T. DUPRÉ et DAVELAYZEDDE.

Adresse du citoyen procureur-général-syndic du département de la Manche, aux officiers municipaux de Lille.

Coutances, le 31 octobre 1792, l'an 1ᵉʳ de la République.

Citoyens,

Lorsque d'un bout de la France à l'autre tout retentit de votre gloire, lorsque les représentans d'une grande nation vous décernent le prix de votre courage et de votre généreux dévouement, permettez à des administrateurs éloignés de vous, mais qui, après avoir frémi sur les dangers et les horreurs qui vous entouroient, ont vivement applaudi à votre triomphe, de vous exprimer des sentimens qui sont profondément gravés dans leur âme. Le Conseil général du département, qui a eu le flatteur avantage de fournir un des bataillons qui ont concouru à votre défense, me charge de vous offrir en son nom et au nom de ses administrés, leur tribut d'admiration et de reconnoissance qui est si bien dû aux habitans de votre commune. Ils se sont montrés les dignes soutiens de la Patrie, à qui leur mémoire sera toujours chère, et leur gloire sera aussi durable que l'étonnante Révolution dans laquelle ils ont rempli un rôle si important.

Signé : Chantereyne.

Adresse de la société des Amis de la République françoise, d'Aire, aux citoyens de Lille.

Aire, département du Pas-de-Calais, le 2 novembre 1792,
l'an 1ᵉʳ de la République françoise.

Braves Lillois,

La société républicaine de la ville d'Aire, animée de ce

même patriotisme que vous avez si victorieusement opposé aux efforts réunis des brigands conjurés, se joint à toutes les autres villes, à tous les bons patriotes de la République françoise, pour rendre hommage à votre dévouement à la cause de la liberté, et vous féliciter de vos succès. Citoyens, nos frères, nos amis, n'attendez pas de la société des complimens qui terniroient votre gloire ; les vrais républicains connoissent peu l'art d'en faire. Vous trouverez votre récompense dans ce cri général si glorieux pour vous : *que les braves Lillois ont bien mérité de la patrie.* Les applaudissemens universels seront pour vous cette simple, mais honorable couronne de feuilles que la Grèce donnoit aux vainqueurs.

Des monumens doivent être élevés à Lille et à Thionville, cette noble rivale de votre amour pour la patrie, afin d'attester aux races futures la gloire dont vous vous êtes couverts, en combattant si courageusement pour le maintien de notre liberté, et en repoussant nos ennemis avec le désespoir dans l'âme. Mais croyez, chers concitoyens, que ces monumens seront peu de chose, en comparaison du souvenir satisfaisant pour nous, que nous conserverons à jamais, et qui sera transmis jusqu'à la postérité la plus reculée.

Nous dirons à nos neveux, qu'en vain un despote couronné, appelé roi par ses esclaves, a voulu asservir notre patrie, qu'en vain des lâches, indignes désormais du nom de François, se sont réunis et ont combiné leurs efforts avec l'orgueilleuse maison d'Autriche et nos ennemis intérieurs, pour remettre un Tarquin sur le trône ; nous leur dirons avec tous les sentimens d'une juste indignation, qu'en vain une nouvelle furie, de sa main barbare a agité son flambeau pour attiser le feu destructeur préparé contre nous par des traîtres ; nous avons vu, ajouterons-nous, sa rage et celle de ses complices tomber impuissantes devant les murs de Lille, devant le mâle courage des soldats de la liberté et de l'égalité. Cette tradition fidèle, perpétuée d'âge en âge, sera un monument éternel auquel la faulx redoutable du temps ne portera point atteinte, et les braves Lillois seront à jamais chéris et admirés de leurs frères.

Vos succès, chers concitoyens, étoient les précurseurs de ceux que nous devions ensuite remporter. L'entière évacuation du territoire françois à laquelle nous avons forcé la horde de brigands, nos victoires partout où nous déployons l'étendard sacré de la liberté, tout enfin concourt à nous faire espérer le plus doux avenir. Quelle gloire pour vous, braves Lillois, de pouvoir dire que vous avez contribué à ces triomphes !

Nous les devons aussi, ces triomphes, au dernier coup porté à la dernière tête de l'hydre féroce qui nous devoroit depuis si longtemps. Nous n'avons plus qu'à nous féliciter tous ensemble de cette heureuse destruction, en même tems que nous crierons d'une voix unanime à l'univers entier : « Mort aux tyrans, gloire à la République françoise. »

Signé : BERTHAULT,
Vice-président de la société des Amis de la République françoise.

TABLE ALPHABÉTIQUE

des Noms cités dans l'ouvrage.

Albert de Saxe, 138 (note), 139 (note), 146 (note), 150, 155, 158, 161, 169, 177, 178, 187, 201 (note).
André, maire de Lille, 91, 139 (note).
Baillon, quartier-maître au 3ᵉ bataillon du Nord, 116, 117.
Bansart (Simon), 17.
Beaulieu (le général) 82, 157.
Berthois, 9, 10, 14, 15, 16.
Bitteur, officier municipal d'Orchies, 55.
Blies (Félicité) femme Pinart, 17.
Blondela, 16.
Bonnier, 25.
Bosquet, lieutenant au 3ᵉ bataillon du Nord, 117.
Bournonville (le commandant), 56, 104.
Brudot, secrétaire de la Société des Amis de la liberté à Hazebrouck, 185.
Bryan (le colonel), 22.
Cardon, 2ᵉ lieutenant-colonel au 3ᵉ bataillon du Nord, 117.
Carles (lieutenant-général), 35, 65, 126, 127.
Chabot, officier au 15ᵉ régiment, 130.
Chamuzard (Catherine) héroïne lilloise, 177.
Chaumont, 9.

Chemit, 1ᵉʳ lieutenant-colonel au 3ᵉ bataillon du Nord, 117.
Chevalier, commandant des canonniers volontaires d'Arras, 198.
Choin, curé de Baisieux, 61.
Cordonnier, administrateur du district de Lille, 20.
Couvreur, secrétaire du district de Lille, 20.
Daoust, commissaire-député de la Convention, 151, 163, 208.
D'Aumont, lieutenant-général, 9, 13.
De Bellegarde, commissaire-député de la Convention, 151, 163.
De Biron, 10.
Debordelière, lieutenant au 13ᵉ régiment de cavalerie, 81, 102.
Decamp, lieutenant aux chasseurs de Paris, 191.
Defleur (le capitaine), 161.
Degland, maire de Wazemmes, 156, (note).
De Grave, ex-ministre de la guerre, 30.
Deleporte, sergent au 90ᵉ régiment d'infanterie, 81.
Delezenne (Louis), 25.
Delmas, commissaire-député de la Convention, 151, 163.
Delos, marchand plombier à Lille, 166.
Demarescaux, commandant du 2ᵉ bataillon Garde nationale du canton de Templeuve, 25.
Deroubaix, maire de Bachy, 62.
De Spaur, capitaine de chasseurs, 20.
Desplanques (Ed.-Jos.), 25.
De Viefville (Joséphine), 15.
Dillon, 4, 6, 7, 8, 10, 13, 14, 15, 16, 17, 18.
Dinet, habitant de Loos, 129.
D'Orières, lieutenant-colonel du 15ᵉ régiment, 155, 190.
Doulcet, membre de la Convention, 163.
Douvet, commissaire-député de la Convention, 151.

Duhem, commissaire-député de la Convention, 151, 163.
Duhoux, lieutenant-général, 52, 56, 57, 146, 147 (note), 183.
Dumaray (le commandant), 52, 55, 56.
Dumouriez (le général), 56, 85, 86, 93, 96, 97, 127, 136, 180, 183, 184, 186.
Dumoutier (le capitaine), 77, 78.
Dupont-Chaumont, 15.
Dupré, 17.
Du Quesnoy (Ern.), membre de la Convention, 163.
Dutrieux, lieutenant au 3e bataillon du Nord, 117.
Duval (le général), 199.
Duvivier, curé de Comines, 46, 50, 53, 71, 81, 102, 164, 166, 197.
Etien (Aug.), 25.
Fiévet, administrateur du district de Lille, 20.
Flanegant, lieutenant au 3e bataillon du Nord, 117.
Florin, fabricant de Roubaix, 40.
Fockedey, membre de la Convention, 155.
François 1er, roi de Bohême, 24.
Gaborria, directeur de la manufacture de porcelaines de Lille, 205 (note).
Garnier, lieutenant-colonel du génie, 109.
Gossuin, membre de la Convention, 155.
Guiscart (lieutenant-colonel), commandant l'artillerie de Lille, 176, 189.
Hainzelin (lillois), 98 (note), 163.
Hennesel, 198.
Huillier (Nic.), 17.
Hustre (Bapt.), cavalier au 13e régiment, 94.
Imbert d'Ennevelin, colonel de la gendarmerie nationale 173.
Jaillet (Et.), cavalier au 13e régiment, 94.

Labourdonnais, 36, 67, 77, 85, 86, 134, 141, 142, 148, 170, 179, 183, 187, 188, 189, 209.
Lafayette, 3, 30.
Lagache, habitant d'Orchies, 53, 60.
Lamarlière, maréchal-de-camp, 143.
Lanoue, lieutenant-général, 209.
L'Ecuyer (le colonel), prévot de l'armée du Nord, 174.
Lefebvre, maire de Camphin, 61.
Lennekens, lieutenant-colonel des troupes belgiques, 44.
Lesage-Senault, administrateur du district de Lille, 20.
Libert (le capitaine), 67.
Loisel, commissaire-député de la Convention, 151.
Lorgueur, habitant d'Orchies, 55.
Lückner, 3, 28, 30, 32, 33, 34, 35, 37, 38, 39, 41, 44, 97, 172.
Maes (le barbier), 177 (note).
Malus, commissaire de l'armée du Nord, 176.
Marescot, capitaine du génie, 109.
Marie-Christine, archiduchesse d'Autriche, 146 (note), 171, 178.
Merlin, membre de la Convention, 155.
Milcamp, officier belge, 161.
Moreton, lieutenant-général commandant la frontière du Nord, à Valenciennes, 85, 115, 116.
Mouton, lieutenant au 3e bataillon du Nord, 117.
Mylius (le baron de) colonel-commandant autrichien, 59, 78, 133.
Noblet (Charles), 25.
Nolf, curé de la Madeleine, à Lille, 85, 174 (note).
Osten, colonel aux chasseurs belges, 191.
Ovigneur, capitaine des canonniers volontaires, 159.
Payen, lieutenant au 2e bataillon du Nord, 117.

Picavez, habitant de Leers, 61.
Poissonnier, secrétaire-greffier du conseil de guerre, à Lille, 137, 140, 153.
Poutrain, administrateur du district de Lille, 20.
Rochambeau (maréchal de), 2, 3, 4, 6, 7, 9, 20.
Rogez (Th.-J.), 25.
Rohart, secrétaire-greffier de la municipalité de Lille, 139.
Ruault, maréchal de camp, commandant la place de Lille, 110, 111, 138 (note), 142, 147 (note), 185.
Ruellelbrom, capitaine au 3e bataillon du Nord, 117.
Ste-Aldegonde (de), émigré de Lille, 53.
Salmon, président au directoire du district de Lille, 20, 177 (note).
Servan, ministre, 209.
Six (P.-F.-J.), 25.
Sta, procureur-syndic du district de Lille, 20, 21, 177 (note).
Theri Faligant, sous-lieutenant au 90e rég. d'infanterie, 81.
Valabris, 10.
Vanderligne, 130.
Vandermers, maire de Warneton, 198.
Vandesteen (E.), 44.
Vantourout (F.-J.), membre du conseil général du district de Lille, 177 (note).
Vasseur, 17, 18.
Verly (L.), de Lille, 204.
Vervisch, curé d'Hazebrouck, 185.
Wattelier, 25.
Wauquier, 25.
Waymel, secrétaire-greffier de la municipalité de Lille, 27, 28, 76.

TABLE ALPHABÉTIQUE

des Noms de Villes cités dans l'ouvrage.

Amiens, 151.
Armentières, 90, 123, 124, 125, 126, 180, 191.
Arras, 1, 22, 151.
Ascq, 124.
Bachy, 21, 24, 62.
Baisieux, 10, 11, 21, 24, 41, 42, 44, 61, 83, 168.
Beauprez, 128.
Bergues, 178, 179.
Béthune, 23.
Bondues, 31.
Bouvines, 121, 125, 187.
Bruxelles, 3, 31.
Cambrai, 23, 25.
Camphin, 21, 24, 41, 42, 44, 61.
Comines, 35, 44, 45, 46, 48, 49, 50, 53, 67, 69, 70, 71,
    73, 79, 80, 100, 101, 106, 108, 113, 194, 195.
Condé, 152.
Courtrai, 1, 3, 30 35, 36, 37, 38, 42, 44, 47, 50, 126.
Cysoing, 24, 26, 27, 30, 32, 34, 35, 62, 187.
Deûlémont, 80, 99, 100, 101.
Douai, 22, 23, 25, 55, 56, 57, 65, 84, 113, 134, 181, 184.

Emmerin, 128, 131.
Fâches, 114.
Famars (camp de), 28, 30, 56, 65.
Fives (Faubourg de), 129, 132, 134, 158.
Frelinghien, 2, 3, 191.
Gand, 30.
Halluin, 32, 37, 42, 119, 124, 133.
Hasnon, 180.
Haubourdin, 1, 118, 128, 129, 130, 156 (note).
Hazebrouck, 185.
Hellemmes, 111, 112, 124, 136.
Herzaux, 78.
Houplines, 1, 3.
Lannoy, 66, 72, 73, 76, 93, 95, 99, 105, 106, 107, 112, 127, 160, 181, 187, 188, 189.
Leers, 21, 39, 40, 42, 44, 61, 64, 66, 72, 73.
Lesquin, 135.
Lille, 1, 2, 3, 4 et suivantes.
Linselles, 46, 48, 133, 178.
Loos, 131.
Loos (abbaye de), 1, 25, 44.
Luxembourg, 3.
Marchiennes, 180, 182.
Marcq-en-Barœul, 40, 175.
Marquette, 29.
Marquin, 11, 32.
Maubeuge, 30.
Maulde (camp de), 54, 55, 56, 57, 65, 85, 93, 104, 133, 136, 187.
Menin, 3, 30, 34, 36, 41, 42, 44, 45, 47, 66, 73, 78, 126, 195, 200.
Mons, 3, 7, 10, 20, 82, 136, 194.

Mouchin, 20, 21, 24, 62.
Mouveaux, 40, 175.
Nechin, 93.
Nomain, 78.
Noyelles, 128.
Orchies, 29, 52, 53, 54, 55, 56, 57, 58, 59, 60, 72, 134, 178, 179, 180, 182.
Phalempin, 148, 169.
Pont-à-Marcq, 116.
Pont-à-Raches, 120.
Pont-Rouge, 35, 79, 103, 123, 127, 131, 161, 173, 181, 185, 191, 194.
Poperinghe, 35.
Porrentrui, 3.
Quesnoy, 33, 44, 80, 106, 119, 123, 125, 126, 161, 180, 181, 191.
Roncq, 42, 59, 66, 119.
Roubaix, 38, 39, 40, 62, 76, 77, 78, 88, 99, 103, 104, 105, 106, 107, 122, 127, 160, 173, 181.
Rumegies, 21.
Rumes, 20, 32.
Sailly, 106.
Sainghin, 198.
Saint-Amand, 28, 52, 134, 179, 180, 182.
Saint-Maurice (faubourg de Lille), 134.
Santes, 131.
Seclin, 129, 130, 135, 170.
Templeuve, 24, 25.
Toufflers, 21, 24.
Tourcoing, 62, 87, 88, 127, 160, 177, 181.
Tournai, 1, 3, 6, 7, 9, 10, 12, 14, 20, 21, 24, 32, 36, 46, 59, 63, 65, 66, 82, 83, 136, 181, 182, 198, 200.

Valenciennes, 13, 22, 24, 25, 30, 32, 53, 56, 65, 86, 115, 134.
Wambrechies, 44, 191.
Warneton, 44, 79, 80, 100, 101, 102, 127, 191, 192, 194.
Watrelos, 40, 62, 64, 71, 72, 73, 89, 99.
Wazemmes, 156 (note).
Wervicq, 35, 36, 39, 43, 45, 47, 48, 49, 50, 73, 101, 193.
Ypres, 1, 3, 35, 42, 126.

BATAILLONS ET RÉGIMENTS

cités dans l'ouvrage.

Armée du Nord, 13, 30, 32, 89.
Bataillon du Nord (3e), 113, 115, 215.
Bataillon de l'Eure, 113, 215.
Béarn (1er bataillon), 23.
Canonniers volontaires d'Arras, 197.
Canonniers volontaires de Lille, 159, 176, 216.
Carabiniers (régiment des), 30, 31, 32, 56.
Chasseurs du Languedoc, 1, 2, 6.
Chasseurs belges, 89, 130, 131, 135, 191.
Chasseurs de Paris, 191, 199.
Dragons de l'égalité, 187.
Dragons (3e régiment de), 65.
Dragons (6e régiment de) ci-devant de la Reine, 23, 26.
Dragons de Laudon, 1.
Enfants Garde national (bataillon des), 22.
Garde nationale d'Hazebrouck, 185.
Garde nationale de Lille, 22, 39, 76, 112, 129.
Garde nationale d'Arras, 170.
Garde nationale de Saint-Omer, 159.
Gendarmerie nationale de Paris, 188, 191, 197.
Hussards d'Esterazy, 23, 26, 50, 83, 93.

Orléans-cavalerie, 1, 2.
Orléans-infanterie, 122.
Régiment de l'Auxerrois, 23.
Régiment suisse de Courten, 22, 84, 86.
Régiment suisse de Rinak, 22, 84.
Régiment de Diesbach, 59, 92, 95, 110.
3e régiment d'artillerie, 30, 215.
7e régiment d'artillerie, 30.
3e régiment de cavalerie, ci-devant Commissaire-générale, 29.
6e régiment de cavalerie, ci-devant du Roi, 39, 215.
8e régiment de cavalerie, ci-devant Cuirassiers-Dragons, 29.
13e régiment de cavalerie, 93, 215.
14e régiment de cavalerie, ci-devant Chartres, 29.
1er régiment d'infanterie, ci-devant Colonel-général, 29.
5e régiment d'infanterie, ci-devant Navarre, 29.
6e régiment d'infanterie, ci-devant Armagnac, 29.
15e régiment d'infanterie, 76, 77, 99, 190, 215.
17e régiment d'infanterie, ci-devant Schomberg, 29.
22e régiment d'infanterie, ci-devant Viennois, 29.
24e régiment d'infanterie, ci-devant Brie, 7, 21, 29, 39, 57, 63, 64, 215.
49e régiment d'infanterie, ci-devant Vintimille, 29.
50e régiment d'infanterie, ci-devant Hainault, 29.
56e régiment d'infanterie, ci-devant Bourbon, 17, 22, 215.
74e régiment d'infanterie, ci-devant Beaujolais, 29, 215.
81e régiment d'infanterie, ci-devant Conti, 29.
87e régiment d'infanterie, 215.
89e régiment d'infanterie, ci-devant Royal-Suédois, 29.
90e régiment d'infanterie, 215.
Volontaires d'Hazebrouck, 124.
Volontaires soldés de l'Aisne, 29.
Volontaires du Calvados, 56, 124, 215.

Volontaires de la Charente, 121.
Volontaires soldés de l'Isle-et-Vilaine, 23.
Volontaires soldés du Loiret, 23.
Volontaires nationaux de la Manche, 215.
Volontaires nationaux de l'Oise, 215.
Volontaires soldés de Paris, 29.
Volontaires de la Sarthe, 48.
Volontaires soldés de la Seine-Inférieure, 29, 125.
Volontaires soldés de la Somme, 65, 215.

TABLE DES MATIÈRES

	Pages
Départ des troupes de la ville de Lille.	1
Affaire du Pas de Baisieux. — Assassinat du général Dillon, du colonel Berthois et du curé de la Madeleine.	4,8
Relation de l'affaire du Pas de Baisieux par M. Chaumont, témoin oculaire.	9
Générosité de M. d'Aumont envers la veuve et les enfants du général Dillon. — Décret de l'Assemblée nationale.	13-14
Service funèbre à l'église Saint-Étienne.	16
Pièce de vers à M. Blondela, auteur d'un discours au sujet de la mort de M. Berthois.	16
Condamnation des assassins de Dillon.	17
Inondation des fossés des fortifications de Lille. — Arrêté du directoire du district.	18
Pillages des Autrichiens à Baisieux, Camphin, etc.	20
Bénédiction des drapeaux de la garde nationale de Lille.	22
Déclaration des gardes nationaux de Templeuve.	24
Enrôlement des gardes nationaux.	27
Composition de l'armée campée au faubourg de la Madeleine.	29

	Pages
Occupation de Menin par le maréchal Luckner.	35
Pillages dans le canton de Roubaix	38
Pillages des Autrichiens à Wervicq-Sud . . .	43-45
Attaque et pillage de la ville d'Orchies . . .	52-56
Enumération des vols et pillages commis par les Autrichiens.	61
Pillages des Autrichiens à Roncq	66
Précautions prises pour préserver Comines . .	67
Adresse du Conseil général de Lille à ses concitoyens	74
Lecture à la garde nationale de Lille de la loi qui déclare la patrie en danger.	76
Escarmouches à Warneton et au Pont-Rouge .	79
Séance de la société des Amis de la Constitution.	85
Discours du maire André après la proclamation de l'acte qui déclare la patrie en danger . .	90
Combat à Néchin	93
On place le bonnet de la Liberté sur le clocher de Saint-Étienne.	98
Affaire entre Roubaix et Watrelos	99
Pillages à Warneton et Deûlémont	100
Sac de Roubaix et de Lannoy	103-108
Escarmouche à Hellemmes.	111
Surprise du 3me bataillon du Nord par les Autrichiens	114
Arrivée des Autrichiens au faubourg de Fives .	129
Sommation des Autrichiens à Linselles . . .	133
Commencement du siége de Lille	134
Proclamation du Conseil de guerre tenu à Lille.	137
Sommations d'Albert de Saxe au commandant et à la Municipalité de Lille. — Réponses . .	138 (note)
Continuation du siége	140-150

	Pages
Lettre de Ruault, maréchal de camp, au ministre de la guerre.	142
Arrivée à Lille des commissaires de la Convention	151
Proclamation du Conseil de guerre aux habitants de Lille.	153
Lettre aux membres de l'Assemblée électorale du Nord.	154
Destruction des ouvrages extérieurs des Autrichiens. — Réquisition du Conseil général du district de Lille	155
Description des retranchements ennemis. . .	158
Les commissaires de la Convention aux défenseurs de Lille.	161
Sauvetage du bonnet de la Liberté placé sur le clocher de Saint-Étienne	163
Invitation aux citoyens de Lille par Duvivier, prêtre de Comines	164
Eloge de Lille en vers, couplets pour servir de suite à l'hymne national	167
Lettre des commissaires à la Convention. — Demande de secours	168
Pillage de Phalempin par les Autrichiens . .	169
Tradition au sujet de l'incendie de l'église Saint-Étienne	169
Trait populaire du barbier Maës	177
Défaite et retraite des ennemis.	178-183
La citoyenne Renard aux citoyens de Lille, pièce de vers.	184
Les Autrichiens quittent Lannoy	187, 189
Arrivée à Lille de la gendarmerie nationale de Paris.	188

	Pages
Reprise du poste du Pont-Rouge	191-195
Illumination de la ville de Lille et du quartier détruit de Saint-Sauveur	199
Visite des dames tournaisiennes à Lille	201
Publication du décret qui déclare que Lille a bien mérité de la patrie. — Compte-rendu de la fête.	201-204
Illumination de la manufacture de porcelaines de Lille	205
Fête à Lille en l'honneur de l'entrée des Français en Savoie	207
Documents complémentaires	211
Composition du Conseil général de Lille à l'époque du bombardement	213
État des troupes composant la garnison de Lille le 5 septembre 1792	215
Contrôle du corps des canonniers volontaires de Lille en 1792	216
Lettre de Labourdonnais aux officiers municipaux de Lille	218
Lettre de Dumouriez aux citoyens de Lille	219
Lettre de Codron, maire de Cambrai, au Conseil général de Lille	220
Lettre de Aubry, citoyen de Cambrai, aux officiers municipaux de Lille	221
Adresse du Conseil général du Pas-de-Calais au Conseil général de Lille	221
Adresse du Conseil général de Cambrai à celui de Lille	224
Adresse du Conseil général de Boulogne-sur-Mer à celui de Lille	225

	Pages
Adresse du Conseil général d'Arras à celui de Lille	226
Adresse du Conseil général d'Hondschoote à celui de Lille.	228
Lettre du Lieutenant-Général d'Aumont au maire de Lille	229
Lettre des officiers municipaux de Dunkerque à ceux de Lille	230
Lettre du citoyen Ragon aux citoyens de Lille .	233
Adresse de la commune de Paris à celle de Lille.	235
Adresse de David, député, à la municipalité de Lille	236
Motion faite à la Convention par David, député .	238
Hymne aux Lillois par la garde nationale de Douay.	242
Lettre du Conseil général de la commune de Samer à celui de Lille	244
Adresse des Amis de la liberté, de Limoges, aux citoyens de Lille	246
Adresse du Conseil général de Beauvais à celui de Lille	247
Adresse du citoyen procureur-général-syndic de la Manche aux officiers municipaux de Lille.	248
Adresse de la Société des Amis de la République françoise, d'Aire, aux citoyens de Lille . .	249
Table alphabétique des noms cités dans l'ouvrage.	251
Table alphabétique des noms de villes. . . .	257
Table des noms de bataillons et de régiments .	261
Table des matières	265

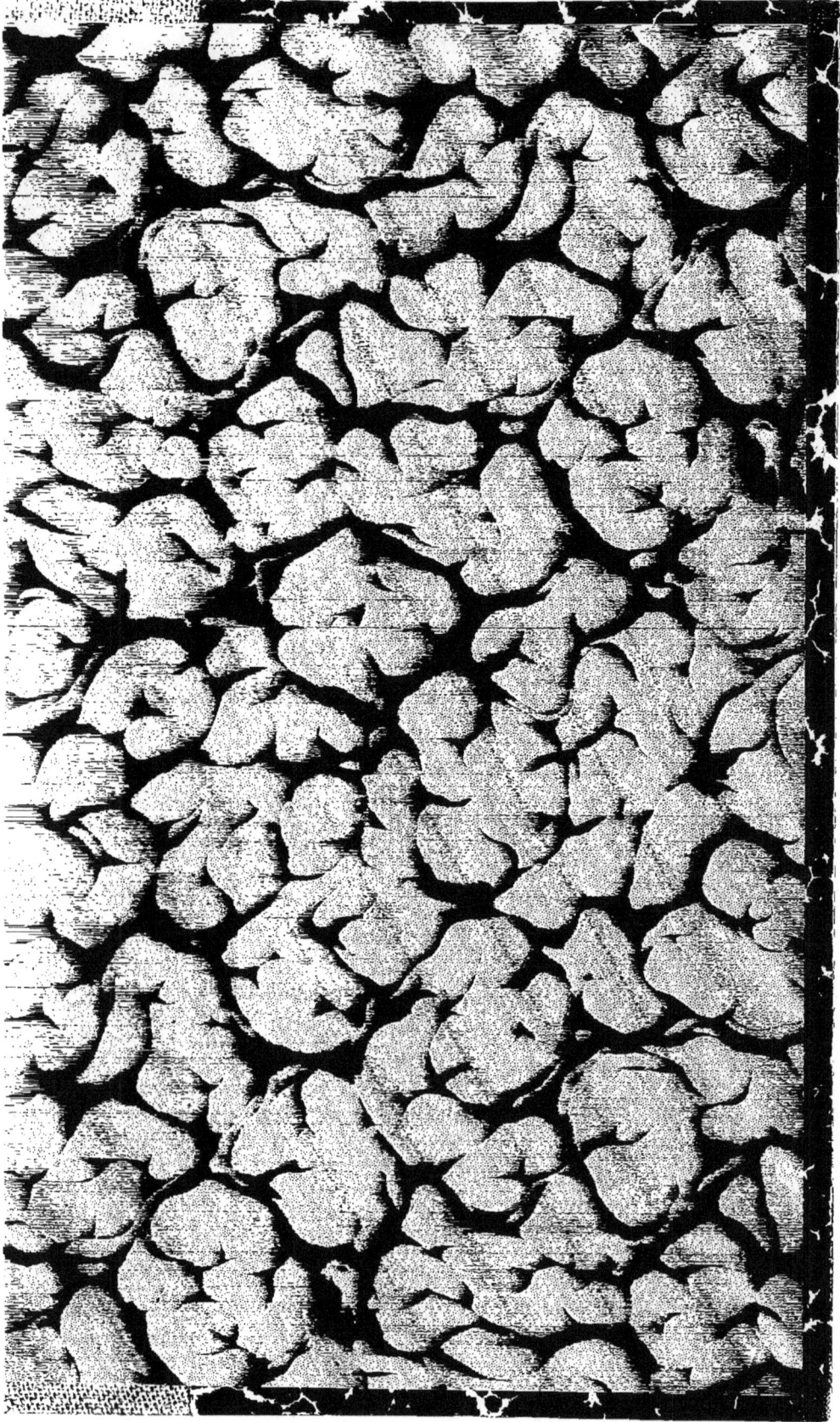

www.ingramcontent.com/pod-product-compliance
Lightning Source LLC
Chambersburg PA
CBHW070807170426
43200CB00007B/851